Thomas Hofmann

GEMÜSE → TO GO

ÜBER

100 REZEPTE FÜR UNTERWEGS

GESUNDES ESSEN ZUM MITNEHMEN

· ins Büro
· zum Picknick
· für Kinder
· auf jede Party!

INHALT

6. KAPITEL

AUFSTRICHE & CO. TO GO

7. KAPITEL

FINGERFOOD TO GO

8. KAPITEL

REZEPTE TO GO, WENN DU MAL KEINE LUST AUF GEMÜSE HAST.

9. KAPITEL

KINDER UND DIE TO GO-KÜCHE

EPILOG

VORWORT

befinden, was mich immer wieder zur vegetarischen, wenn nicht sogar zur veganen Küche brachte. Zwei Ernährungsweisen, die gerade jetzt im Trend liegen.

Kochen braucht Zeit und gerade die ist es, die sich dem Alltag manchmal schwer abgewinnen lässt. Nennen wir das Problem beim Namen: 30 Minuten Mittagspause sind einfach zu kurz, um sich schnell die Schürze umzuhängen. Und immer nur Salat und Gemüsesticks der gesunden Ernährung willen, nein, das geht doch kreativer!

Mit dem Wunsch gesunde Ernährung mit Schwerpunkt Gemüse „auf den Weg" zu bringen, habe ich mein Know-how in die to go-Küche eingebracht. Dabei habe ich mich bemüht, Rezepte zu entwickeln, die ihr Versprechen hinsichtlich Optik und Geschmack halten. Doch nicht nur das, auch schnell zu- und vorzubereiten sollten sie sein. Es ist mir ein Anliegen, schmackhafte, gesunde und leichte Gerichte hervorzubringen, die vor allem mit regionalen und saisonalen Zutaten und Bio-Produkten herstellbar sind. Auch verwende ich gern Kräuter und Gewürze anderer Länder Küchen, die meinen Kreationen noch den letzten Schliff verleihen.

Ob Party, Picknick, Spielplatz, Schule, Uni oder Büro – mit meinen Gerichten in der Lunchbox oder im Glas seid ihr bestens im Alltag ausgestattet. Mit minimalem Aufwand könnt ihr sie in Mikrowelle, Ofen oder Wasserbad schonend erwärmen. Aber auch kalt schmecken sie köstlich. Und die Suppen sind so entwickelt, dass sie lediglich mit heißem Wasser aufgegossen werden und dann vollen Geschmack bieten. Eine selbstgemachte Trockensuppe sozusagen.

Die Themen „Spaß am Kochen und Essen und wie Ernährung zum Lebensglück beitragen kann" sind eng mit dem Gesundheitsgedanken verbunden und jedes Rezept möge euch diese Einstellung vermitteln.

Gemüse und ich – das ist eine lebenslange Liebe. Bereits als Kindergartenkind war ich strenger Vegetarier. Keiner wusste, wie es dazu kam, und so blieb meiner Mutter nichts anderes übrig, als unsere Gemüter mit ihren kreativen Gemüsegerichten zu erfreuen. Ich gestehe, im Laufe meines Lebens kam ich (wieder) aufs Fleisch – und dennoch, dem Gemüse gebe ich stets den Vorzug. Ob in meiner Ausbildung zum Koch oder während meines Studiums der Ernährungswissenschaften, mein Augenmerk lag stark auf dem Zusammenhang von Ernährung und Wohl-

Wenn ihr auf den Geschmack gekommen seid, besucht mich auf meinem Blog LeckerWissen.at – hier findet ihr weitere schmackhafte Rezepte und alles rund um das Thema Ernährung. Ich wünsche euch gutes Gelingen und viele neidische Gesichter, wenn sie einen Blick in eure Lunchbox erhaschen!

EUER THOMAS

HEIMISCHE SUPERFOODS

In einem Buch wie diesem hier dürfen keineswegs ein paar Worte über Superfoods fehlen. Denn diese sind in aller Munde – buchstäblich und im übertragenen Sinn – und das perfekte „Gemüse to go"!

WAS SIND SUPERFOODS?

Das sind Zutaten mit einem besonders hohen Gehalt an wertvollen Inhaltsstoffen: große Mengen an Vitaminen, Mineralstoffen, Spurenelementen, Ballaststoffen, sekundären Pflanzenstoffen und Antioxidantien. Sie haben eine besonders intensive Wirkung auf unsere Gesundheit und Vitalität. Sie können heilen, Krankheiten vorbeugen und unser Wohlbefinden deutlich steigern. All das sind hervorragende Voraussetzungen für eine gesunde Ernährung.

ICH HABE EUCH HIER EINE LISTE MIT HEIMISCHEN SUPERFOODS ZUSAMMENGESTELLT, DIE ICH IN MEINEN REZEPTEN IMMER WIEDER VERWENDE:

GOJI-BEEREN

Bemerkenswert ist, dass Goji-Beeren nichts anderes sind als die Früchte des gemeinen Bocksdorns, der auch zur Böschungsbefestigung an Autobahnen und Landstraßen massenhaft angepflanzt wird. Hier lebte die Beere unbemerkt vor sich hin, bis man sie unter anderem Namen als asiatisches Superfood vermarktete. In den Sommermonaten trägt die Pflanze rötliche, ovale Beeren. Diese beinhalten eine große Anzahl an verschiedenen Nährstoffen, die den Organismus und das Immunsystem unterstützen und damit eine besondere Wirkung auf das Wohlbefinden haben. Da gemeiner Bocksdorn in der Lage ist, Aluminium, Quecksilber und Blei aufzunehmen, sollte man Beeren von Sträuchern an belasteten Standorten lieber nicht ernten! Ich empfehle daher auf Bio-Qualität zu achten.

GRÜNES BLATTGEMÜSE

Könnt ihr euch noch aus der Schulzeit erinnern, wodurch das Grün in den Pflanzen entsteht? Ja! – das Chlorophyll leistet hier ganze Arbeit. Doch wusstet ihr auch, dass es unsere Gesundheit stärken kann und uns vitaler macht? Besonders zu erwähnen ist hier tiefgrünes Gemüse wie Mangold, Staudensellerie, Rucola sowie diverse Kräuter (Basilikum, Petersilie, Schnittlauch etc.) und Wildgemüse wie Portulak, Sauerampfer und Löwenzahn.

BEEREN

Beeren sind im Gegensatz zu anderen Früchten nicht ganz so stark von ihren wilden Verwandten entfernt und durch Züchtung verändert. Und sie beinhalten vor allem große Mengen an Antioxidantien, welche das Immunsystem schützen und uns jung halten. Auch hier gilt es alle Beeren möglichst frei von Pestiziden zu verzehren: Himbeeren, Brombeeren, Johannisbeeren, Stachelbeeren, Heidelbeeren und die wenig bekannten Maulbeeren bieten sich in unseren Breiten an. Von Juli bis Oktober haben die verschiedenen Sorten Hochsaison und warten nur darauf gepflückt zu werden.

KREUZBLÜTLER

Hierher gehören Gemüse wie Brokkoli, Sprossenkohl, Blumenkohl, Weißkohl, Rotkohl und Kohl. Aber auch Rucola, Rettich, Radieschen und Meerrettich gehören dazu. Das Besondere sind die sogenannten Glucosinolate, die die Heilwirkungen der Kreuzblütler ausmachen. Nicht ohne Grund wird Kohlgemüse besonders in der kalten Jahreszeit empfohlen, denn sie wirken gegen die Erkältungsverursacher – Viren und Bakterien. Es ist außerdem erwiesen, dass Glucosinolate eine antikanzerogene Wirkung haben und damit der Entstehung von Krebs entgegenwirken können.

SAUERKRAUT

Das ist milchsauer vergorenes Kraut, roh und nicht pasteurisiert. Als Rohkost mit ein wenig hochwertigem Öl wie Wallnussöl gegessen, sorgen die enthaltenen Probiotika für einen gesunden Darm, womit eine Stärkung des Immunsystems einhergeht.

KÜRBISKERNE

Sie liefern von allen Lebensmitteln am meisten Zink und 50 g decken bereits den halben Tagesbedarf an Magnesium eines Erwachsenen. Ihr hoher Gehalt an verschiedensten Nährstoffen bringt einige gesundheitliche Vorteile mit sich, wodurch Kürbiskernpräparate auch in der Apotheke zu finden sind. Ihr könnt sie praktisch unter jedes Essen mischen, dazu die Kerne mit dem Küchenmesser hacken und beispielsweise unter den Reis oder Salat geben oder feingehackt unter das Paniermehl mischen.

INGWER

Ayurveda und Traditionelle Chinesische Medizin (TCM) setzen Ingwer gegen Verdauungsbeschwerden und bei Seekrankheit ein. Sein Hauptwirkstoff Gingerol hat eine ähnlich schmerzlindernde Wirkung wie Aspirin und wird bei Kopf- und Muskelschmerzen angewandt. Ebenso ähnlich verbessert Gingerol den Blutfluss und senkt damit das Infarktrisiko und unterdrückt schmerzhafte Entzündungen und Schwellungen – kurzum: Ingwer ist ein wahrer Allrounder!

TRAUBENKERNE

Trauben enthalten in ihren Kernen sekundäre Pflanzenstoffe, wie das berühmte Oligomere Proanthocyanidine (OPC). Diese werden unter anderem bei Problemen mit Haut (zum Beispiel Neurodermitis) und Haaren, aber auch bei Allergien eingesetzt. Die Verwendung von Traubenkernmehl oder -öl ermöglicht auf ganz einfache Weise die Versorgung mit diesem vitaminreichen Alleskönner. Beim Backen ersetzt ihr eine kleine Menge von eurem Mehl mit Traubenkernmehl, bei 100 g Mehl zum Beispiel sind das 7 g Traubenkernmehl und 93 g Mehl eurer Wahl. Beim Kauf von Traubenkernöl habt ihr die Wahl zwischen kaltgepresstem, beispielsweise für Marinaden, und raffiniertem, heißgepresstem Öl, welches sich sogar zum Frittieren eignet.

ÄPFEL

„An apple a day keeps the doctor away", sagt man im englischsprachigen Raum. Die Ballaststoffe der Äpfel, die Pektine, binden Gallensäuren, sodass die Leber neue Gallensäuren, die für die Fettverdauung benötigt werden, bilden muss. Dafür bedient sie sich aus dem Cholesterinpool des Körpers und in der Folge sinkt der Cholesterinwert im Blut. Von August bis November habt ihr eine große Sortenauswahl an heimischen Äpfeln. Manche Sorten können auch sehr lange gelagert werden, daher sind fast das ganze Jahr über heimische Äpfel verfügbar!

WALNÜSSE

Die aus der Schale gelöste Walnuss erinnert nicht nur in ihrem äußeren Erscheinungsbild an das menschliche Gehirn – tiefe Furchen und zwei Hemisphären – nein, sie scheint auch Futter für eben dieses zu sein. Entsprechende Versuche zeigen deutliche Verbesserungen der kognitiven Fähigkeiten von Testpersonen im schlussfolgernden Denken. Auch im Kampf gegen einen zu hohen Cholesterinspiegel wird die Walnuss nachweislich erfolgreich eingesetzt. Eine halbe Tasse Walnüsse am Tag macht es möglich.

MANDELN

Mandeln haben ein sehr hohes Nähr- und Vitalstoff-Spektrum und enthalten Vitamin B und E. Darüber hinaus beinhalten sie 19 % Eiweiß, was sie vor langer Zeit zum Grundnahrungsmittel von Einwohnern subtropischer Regionen machte. Übrigens wachsen Mandelbäume auch in unseren Breiten: In Österreich findet ihr Mandelbäume vor allem im Burgenland und in der Steiermark. In Deutschland ist die Pfalz berühmt für ihre Mandelbäume.

SPROSSEN UND KEIMLINGE

Greift beim nächsten Einkauf zu den einzigartigen und zugleich unscheinbaren Vitaminbomben, den Sprossen und Keimlingen. Oder setzt diese selbst an: Keimlinge aus Leinsamen, Alfalfa, Bohnen oder Kresse. Sie sind reich an wertvollen Inhaltsstoffen. Die aufgekeimten Samen von Mungobohnen beispielsweise enthalten 25 % Proteine und sind reich an Vitamin A, C, E, B1, B2, Niacin und Folsäure. Außerdem sind Sprossen voll mit Eisen, Kalium, Phosphor und Magnesium. Ich schätze sie in der to go-Küche auch sehr, weil sie unkompliziert in der Verwendung sind. Sprossen und Keimlinge könnt ihr einfach über das Essen streuen oder unter den Salat mischen. Zusätzlich zu ihren vielen Vitaminen machen sie nicht nur optisch, sondern auch geschmacklich einiges her.

LEINSAMEN UND LEINÖL

Leinsamen und -öl zählen zu den wenigen heimischen und veganen Omega-3-Fettsäuren-Lieferanten. Diese Fettsäuren können von unserem Körper nicht selbst hergestellt werden und sind sehr wichtig für unser Wachstum und Gewebe. Sie spielen auch eine wichtige Rolle bei der Heilung von Entzündungen. 1–2 Teelöffel geschrotete Leinsamen über den Salat gestreut oder mit 1–2 Esslöffel Leinöl mariniert – und ihr habt den Tagesbedarf an lebensnotwendigen Omega-3-Fettsäuren gedeckt. Zudem enthalten Leinsamen auch andere wertvolle Inhaltsstoffe, wie beispielsweise Ballaststoffe oder Lignane. Leinöl, das flüssige Gold, wie es auch genannt wird, wird aus Leinsamen gepresst. Es ist vor Licht und Luft zu schützen – am besten im Kühlschrank aufbewahren – und eignet sich nur für die kalte Küche.

SPINAT

Ihr habt wohl auch schon gehört, dass ein Kommafehler lange Zeit dafür verantwortlich war, dass Experten Spinat besonders hohe Mengen an Eisen zusprachen (100 g enthalten jedoch nur 3,5 mg und nicht 35 mg Eisen). Abgesehen davon ist Spinat mit seinen vielen Inhaltsstoffen dennoch ein wahres Superfood mit vielfach positiven Auswirkungen auf unsere Gesundheit. Ballaststoffe und der geringe Kaloriengehalt haben ihn auch zu einem wichtigen Bestandteil der Diätküche gemacht. Zudem hat Spinat fast das ganze Jahr über Saison. Junger Frühlings- oder Sommerspinat eignet sich auch hervorragend zum rohen Verzehr. Doch auch tiefgekühlt enthält Spinat noch einen hohen Anteil seiner Nährstoffe.

MEINE TIPPS
FÜR GESUNDE UND QUALITATIV
HOCHWERTIGE GERICHTE

— Achtet darauf, dass die Mischung aus naturbelassenen Kohlenhydraten (Gemüse, Obst, Salate, Vollkornprodukten), Eiweiß (Fisch, Fleisch, Hülsenfrüchte, Eier) und gesunden Fetten (Olivenöl, Rapsöl, Leinöl) in Anlehnung an die Ernährungspyramide ausgewogen sein sollte.

— Zieht „cleane", also unverarbeitete Lebensmittel raffinierten Produkten und Fertigprodukten vor, also Vollkornbrot statt Weißmehlprodukten, Frischkornmüsli statt Fertigmüsli, frisches Obst statt Dosenobst, knackiger Salat statt verkochtem Gemüse.

— Beachtet den Frischegrad der Lebensmittel. Salat, der vier Tage im Kühlschrank liegt, enthält nur noch einen Bruchteil seiner Vitamine.

— Greift im Supermarkt zu heimischen Lebensmitteln und saisonalem Gemüse. So habt ihr Gewissheit, dass es sich um frische Lebensmittel handelt, die keine langen Transportwege oder Lagerungen hinter sich haben.

— Die Qualität von Gemüse und Obst aus biologischem Anbau ist zweifellos den Produkten aus konventionellem Anbau überlegen. Diese Produkte unterliegen strengen Kontrollen bezüglich ihrer Qualität und Pflege.

— Gebt tierischen Produkten aus artgerechter Tierhaltung der Umgebung den Vorzug. Da habt nicht nur ihr etwas davon, sondern auch die regionale Landwirtschaft.

AUFBEWAHRUNG UND TRANSPORT ANDERS GEDACHT:

THINKING OUTSIDE THE BOX

Der „Essen to go-Lifestyle" ist keine neue Erfindung und auch nicht das Ergebnis eines modernen Lebensstils.

Seine Haupt- und Zwischenmahlzeiten selbstgekocht von Zuhause mitzunehmen hat Tradition und auch die Beweggründe sind kaum andere als früher. Wir wissen aus aktuellen Umfragen, dass noch immer mehr als die Hälfte aller Deutschen ihr Essen von Zuhause mitnehmen: Angestellte, SchülerInnen und Studierende – wie es in vielen Ländern der Welt üblich ist. In Indien beispielsweise wird das daheim zubereitete Mittagessen in der Tiffin Box vom Dabbawala – „der, der die Box trägt" – den Männern zum Arbeitsplatz gebracht.

Wer sich sein Essen selbst mitnimmt, kommt um das Thema Verpackung nicht herum. Das transportgeeignete Verpacken der vorbereiteten Speisen muss den Anforderungen des Alltags gerecht werden. Vor allem soll es praktisch, einfach und umweltfreundlich sein. Ich möchte euch innovative Lösungen zu den gängigen Utensilien zeigen, und aus Liebe zur Umwelt sind diese auch möglichst kunststofffrei und wiederverwendbar. Lasst euch inspirieren!

FLACHE GLASBEHÄLTNISSE
MIT PASSENDEM DECKEL

Diese sind inzwischen schon überall erhältlich und preisgünstig.
Speisen sind darin vor Außeneinwirkungen geschützt.

+ GLEICHZEITIG ALS BACK-
FORM VERWENDBAR
+ FÄRBT NICHT EIN
+ SPÜLMASCHINENFEST
+ SCHÖNE OPTIK, WEIL
DURCHSICHTIG
+ KRATZFEST
+ DICHT UND SOMIT FÜR
FLÜSSIGES GEEIGNET

– SCHWERER ALS METALLGESCHIRR
– BRUCHSENSIBLER
– DECKEL OFT AUS KUNSTSTOFF

EINMACHGLÄSER

Oft tummeln sich zig Einmachgläser mit Schraubverschluss
oder Klammern und Gummiringen
im Keller, warum nicht eines für
das mittägliche Essen verwenden?

+ HITZEBESTÄNDIG (KLAMMERN
UND DICHTUNGSRINGE VOR DEM
ERHITZEN ENTFERNEN)
+ IN DEN UNTERSCHIEDLICHSTEN
GRÖSSEN ERHÄLTLICH
+ DICHT UND SOMIT FÜR FLÜSSIGES
GEEIGNET

– NICHT BRUCHSICHER

LUNCHBOX
AKA WIEDERVERWENDBARE PROVIANTDOSE

Robuste Speisegefäße aus den unterschiedlichsten
Materialien wie Holz, Nirosta, Bambus, Metall, Mais,
oder Zucker sind ideale Begleiter, auch für Kinder. Es
gibt sie in verschiedensten Ausführungen. Beispiele
dafür sind die klassisch rechteckigen Blechdosen,
der Henkelmann, die runden Tiffin-Metallboxen oder
Schraubverschlussbehälter mit Thermofunktion.
Manche Ausführungen haben auch Trennwände inte-
griert. Ihr könnt euch aber auch leicht mit Backpapier
helfen, um schön alles separat zu halten.

+ LEICHTER ALS GLAS
+ JE NACH MATERIAL GUTE
TEMPERATURLEITUNG
BEIM WIEDERAUFWÄRMEN
IM WASSERBAD ODER OFEN
+ BRUCHSICHER
+ OFT AUCH MIT DECKEL
AUS METALL UND SO KOM-
PLETT KUNSTSTOFFFREI

– KANN NICHT IN DER
MIKROWELLE VERWENDET
WERDEN
– MANCHMAL OHNE DICH-
TUNG UND DANN FÜR
SUPPEN ODER EINTÖPFE
NICHT GEEIGNET

WRAP IT! – ABER NACHHALTIG

Ob wiederverwendbare Jausenbeutel, Frischhaltefolie aus Bienenwachs oder einfach ein Stück Leinenstoff – beim Umwickeln und Verpacken darf man kreativ sein – und schont dabei auch noch ganz nebenbei die Umwelt. Was, davon nichts daheim? Naja, dann greift doch einfach zum guten alten Butterbrotpapier! Vor allem für Brote und Sandwiches geeignet!

+ EINE STOFFSERVIETTE KANN AUCH ALS UNTERLAGE BEIM ESSEN VERWENDET WERDEN. ODER ZUM ABWISCHEN, WENN MAL WAS DANEBENGEGANGEN IST.
+ WASCHBAR
+ BUTTERBROTPAPIER IST ABBAUBAR

– STOFFE SIND DURCHLÄSSIG, DAHER NUR FÜR TROCKENE MAHLZEITEN GEEIGNET.
– ESSEN KÖNNTE IN DER TASCHE ZERDRÜCKT WERDEN ODER AUS DER SERVIETTE FALLEN, ALSO BESSER NOCHMAL EINTÜTEN.

SCHRAUBVERSCHLUSSGLÄSER
ODER –FLASCHEN AUS DEM SUPERMARKT

Bei uns Zuhause wird alles in alte Gurkengläser & Co. verpackt, das ist praktisch, günstig und sauber.

+ KOMMT QUASI GRATIS ZU JEDEM IM GLAS VERPACKTEN LEBENSMITTEL
+ WIEDERVERWENDBAR
+ DICHT UND SOMIT FÜR FLÜSSIGES GEEIGNET
+ IN DEN UNTERSCHIEDLICHSTEN GRÖSSEN ERHÄLTLICH

– OFT NICHT HITZESTABIL
– NICHT BRUCHSICHER
– ACHTUNG, RIECHEN OFT NOCH LANGE NACH DEM EINGEMACHTEN URSPRUNGSPRODUKT

TIPP

IHR HABT KEINE MÖGLICHKEIT, EURE SUPPE UNTERWEGS ZU WÄRMEN? DANN FÜLLT SIE EINFACH IN EURE ISOLIERKANNE ODER -BECHER, DARIN BLEIBT SIE WARM.

DAS AUGE ISST MIT:

ESSBARE
DEKO-ELEMENTE

Die Dekoration von Speisen ist in der to go-Küche ebenso möglich
wie in der klassischen Küche, denn wie wir alle wissen, isst das Auge mit.
Dabei ist alles erlaubt, was schmeckt und gut aussieht.

Ob ein Gericht später optisch ansprechend ist, beginnt beim Einkauf natürlicher, schöner Lebensmittel. Auch eine saubere Verarbeitung der Produkte ist später erkennbar und maßgeblich für das hungrige Auge. Dazu ist das dekorative Anrichten ein schöner Hingucker, wie zum Beispiel das Auffächern von Gemüsetranchen.

Es können also Lebensmittel besonders geschnitten bzw. verarbeitet werden, der Kreativität sind dabei keine Grenzen gesetzt. Verwendet auch Kräuter und Gewürze zum Darüberstreuen oder einfach um einen Farbtupfer zu setzen – geschmackliche und dekorative Komponente in einem!

LEBENSMITTEL ZUM DEKORIEREN SIND UNTER ANDEREM GEMÜSE, KRÄUTER, NÜSSE, SAMEN UND KERNE, GEWÜRZE, BLÜTEN UND MILCHPRODUKTE. HIER EIN PAAR BEISPIELE, WIE IHR EUER ESSEN SCHNELL OPTISCH AUFWERTEN KÖNNT:

SALAT

Speziell Frisée- und Rucolasalat lassen sich durch ihre Beschaffenheit wunderbar zu Kugeln formen, die eure Speisen an jene der Spitzengastronomie erinnern lassen.

DIVERSE KEIMLINGE

Sie werten Speisen durch ihre farbliche sowie geschmackliche Vielfältigkeit auf und sind dabei ein wahres Superfood. Da der Einzelhandel meist nur Sojakeimlinge anbietet, empfehle ich euch die Keimlinge selbst zu ziehen.

CHILIFÄDEN

Einmal darüberstreuen und schon macht euer Essen den optischen Eindruck eines Gerichts aus einem Haubenrestaurant. Dabei haben die Chilifäden eine schöne rote Farbe und sind eher geschmacksneutral.

KURKUMA- UND PAPRIKAPULVER

Sie sind beide farbenfrohe und nicht zu geschmacksintensive Gewürze, die durch einfaches Bestreuen ein Gericht schnell optisch aufwerten und dazu oft die ideale Geschmackskomponente mit sich bringen.

SPEISEBLÜTEN

Sie sind durch ihre Vielfältigkeit hinsichtlich ihrer Farben und ihres Aussehens eines der beliebtesten Dekorationsmittel der modernen Küche. Dazu lassen sie sich kinderleicht im Garten ziehen oder wachsen schon dort, wie etwa das Gänseblümchen.

PAPRIKA-BRUNOISE

Nehmt hierfür drei verschiedenfärbige Paprikaschoten und schneidet sie in möglichst kleine Würfel. Sie lassen speziell optisch blasse Gerichte unheimlich bunt erstrahlen.

KRÄUTER

Diese sind und bleiben eines der beliebtesten Dekorationsmittel überhaupt. Sucht euch optisch schöne und geschmacksintensive Kräuter und verwendet auch kleine Zweige oder Knospen und Blüten davon.

FRITTIERTES GEMÜSE-JULIENNE

Auch wenn diese Dekoration etwas Arbeit erfordert, ist ihr positiver Effekt, nicht zuletzt wegen der knusprigen Textur, den Aufwand wert. Schneidet dafür zum Beispiel eine Sellerieknolle feinnudelig, bestäubt sie mit griffigem Mehl und frittiert sie in reichlich Öl.

SAUCEN

Wie ihr dem Kapitel Aufstriche & Co. to go (ab Seite 141) entnehmen könnt, gibt es hier eine unglaubliche Vielfalt, mit der ihr beinahe jedes Gericht bereichern könnt.

SAHNEHÄUBCHEN

Feste, cremige Milchprodukte wie Crème fraîche oder saure Sahne werten Speisen durch ihre weiße Farbe auf und wirken bei pikanten Gerichten geschmacksneutralisierend und entschärfend.

SCHWARZER SESAM

Schwarze Farbtupfer, die nicht nur optisch, sondern auch geschmacklich durch ihre Röstaromen überzeugen!

KRESSE

Die große Sortenvielfalt lässt hinsichtlich Farbgebung und Geschmack keine Wünsche offen.

SYMBOLE

ZUBEREITUNGSZEIT

PORTIONEN

GLUTENFREI

BLITZGERICHT

FÜR KINDER

VEGAN

**SÜSSES MIT
GEMÜSE**

ESSEN, GENIESSEN, VERWEILEN
MIT UNSEREN LIEBSTEN IN DER SONNE
- DIE ZEIT EINFACH EINMAL
STILLSTEHEN LASSEN.

BASICS:
GEMÜSEBOUILLON
AROMENPASTEN S.18

SUPPEN ZUM
AUFGIESSEN
TO GO S.24

KALTE SUPPEN
TO GO S.34

SUPPEN
& CO. → TO GO

FÜR LÖFFELTAGE

Kein Geheimnis: Suppen sind mehr als eine Vorspeise!
Und mit meinen neuen Kreationen bekommen sie auch rich-
tig Pep. Zum Beispiel meine Suppen zum Aufgießen. Noch
nicht davon gehört? Dann wird es aber Zeit! Diese Suppen
werden daheim „trocken" in die Gläser gegeben und vor
Ort mit heißem Wasser aufgegossen. Die selbstgemachten
Aromenpasten machen es möglich. Zu heiß dafür?
Dann probiert meine erfrischenden, kalten Suppen!

BASICS

& GEMÜSEBOUILLON
AROMENPASTEN

45 MIN **4 PORTIONEN** **GLUTENFREI** **VEGAN**

MEINE GEMÜSEBOUILLON

Die Bouillon bildet gemeinsam mit Gewürzen, Kräutern und guten Lebensmitteln die Basis einer guten Küche. Egal ob für Suppen, Saucen oder für das Aufwärmen von Speisen, sie kommt in den Küchen ständig zum Einsatz. Oft werde ich von Hobbyköchen gefragt, warum das Essen in Restaurants besser und vor allen Dingen authentischer schmeckt als bei ihnen. Nun ja, eine gute Bouillon ist sicherlich einer der ausschlaggebenden Gründe dafür. Sie beinhaltet den konzentrierten Geschmack seiner Hauptzutaten, der den Speisen das gewisse Etwas verleiht. Eine vorbereitete Bouillon im Kühlschrank oder portioniert eingefroren ermöglicht ein schnelles Zubereiten von wohlschmeckenden selbstgemachten Gerichten frei von künstlichen Geschmacksverstärkern und ist somit gerade in der to go-Küche sehr praktisch.

ZUBEREITUNG

Zwiebeln und Knoblauch schälen, letzteren andrücken. Das gesamte Gemüse gemeinsam mit dem Lauch und den Zwiebeln grob schneiden und mit dem Knoblauch in einem großen Topf mit etwas Olivenöl glasig anschwitzen, mit kaltem Wasser aufgießen *(kaltes Wasser laugt besser aus)*. Kräuter waschen und mit den anderen Aromaten zugeben und für mindestens 30 Minuten kochen *(kocht die Bouillon länger, wird der Geschmack intensiver)*.

Durch ein feines Sieb abseihen. Auskühlen lassen, dann in geeignete Behältnisse füllen und verschlossen kalt stellen. Verwendung je nach Gebrauch.

GUT ZU WISSEN

Da die Bouillon meist reduziert wird, sollte sie nie gesalzen werden.

Sammelt all eure Gemüseabschnitte *(außer Kohl und Kartoffelschalen)* und friert sie ein. So habt ihr genügend Material für eine frische Bouillon und ihr könnt 100 % eures Gemüseeinkaufs verwerten.

Ihr könnt eure Bouillon auf ein Drittel des Ursprungsvolumens reduzieren *(am Herd köcheln lassen)*, somit habt ihr viel Geschmack in wenig Flüssigkeit. Diese Essenz eignet sich dann hervorragend zum portionierten Einfrieren *(z.B. in Eiswürfelbehältern)*.

2 Zwiebeln
2 Knoblauchzehen
500 g Wurzelgemüse
(z.B. Karotten, Sellerie, Gelbe Rüben, Pastinaken)
2 Stangen Lauch
Olivenöl
2,5 l Wasser, kalt
1 Bund Kräuter
(z.B. Thymian, Liebstöckel, Lorbeer, Petersilie)
2 Wacholderbeeren, zerstoßen
10 Pfefferkörner, zerstoßen

ZUSÄTZLICHE ZUTATEN FÜR MEINE MODERNE BOUILLON
1 Handvoll diverses Gemüse
(außer Kohl, da er bitter wird)
1 Handvoll Champignons
1 Stück Ingwer (3 cm)
1 EL Kardamom, ganz
1 Stange Zitronengras
1 TL Koriandersamen

AROMENPASTEN

Mit den eigens kreierten Aromenpasten zeige ich euch eine echt gute Alternative zur gekörnten Brühe aus dem Supermarkt. Sie beanspruchen zwar etwas Zeit in der Zubereitung, lassen sich aber in größeren Mengen herstellen und dann lange gekühlt lagern. Durch die hohe Dosis an Salz sind sie gut konserviert. Die Suppen lassen sich so leicht vorbereiten und später mit diversen anderen Zutaten im Glas transportieren. Beim Aufgießen mit heißem Wasser löst sich die Paste auf und es entsteht eine herrliche, gesunde und selbstgemachte Suppe ohne Geschmacks- und Konservierungsstoffe. Daheim vorbereiten und später aufgießen – so einfach und perfekt für to go!

JE NACH GESCHMACK
1 BIS 2 EL AROMENPASTE IN
1 L HEISSEM WASSER LÖSEN.
DIE AROMENPASTE IST
GEKÜHLT BIS ZU EINEM
HALBEN JAHR HALTBAR.

25 MIN + 2 H TROCKNEN **3 LITER SUPPE** **GLUTENFREI** **VEGAN**

25 MIN + 2 H TROCKNEN **3 LITER SUPPE** **GLUTENFREI** **VEGAN**

KLASSISCHE AROMENPASTE

MEDITERRANE AROMENPASTE

Diese Paste lässt sich durch klassische Aromaten besonders gut in die heimische Küche integrieren und stellt dabei eine Alternative zur Gemüsebouillon da.

Kulinarische Grüße aus dem Mittelmeerraum! Diese Aromenpaste eignet sich aufgrund ihres typischen Geschmacks besonders gut für alle aus dem mediterranen Raum stammenden Gerichte.

KLASSISCHE AROMENPASTE	
4 Knoblauchzehen	2 Gelbe Rüben
½ EL Fenchelsamen	2 Pastinaken
½ EL Schwarze Pfefferkörner	2 Stangen Staudensellerie
½ EL Piment	½ Bund Petersilie
2 Zwiebeln	½ Bund Liebstöckel
1 Stange Lauch	Saft von 1 Zitrone
2 Tomaten	50 g Meersalz, grob
2 Karotten	3 EL Olivenöl

MEDITERRANE AROMENPASTE	
4 Knoblauchzehen	2 Karotten
½ EL Fenchelsamen	2 Gelbe Rüben
½ EL Schwarze Pfefferkörner	2 Pastinaken
½ EL Piment	2 Stangen Staudensellerie
2 Zwiebeln	½ Bund Thymian
1 Stange Lauch	½ Bund Rosmarin
1 Handvoll Tomaten, getrocknet	½ Bund Basilikum
1 Handvoll schwarze Oliven, entkernt	Saft von 1 Zitrone
	50 g Meersalz, grob
	3 EL Olivenöl

ZUBEREITUNG

Backofen auf 100 °C vorheizen.
Knoblauch schälen, grob hacken und gemeinsam mit Fenchelsamen, Pfeffer und Piment in einem Mörser stoßen oder in einer Gewürzmühle schroten.

Zwiebeln schälen und in Würfel schneiden. Lauch der Länge nach halbieren, sorgfältig waschen und in grobe Streifen schneiden. Gemüse waschen, putzen, schälen und ebenfalls grob schneiden. Die Kräuter waschen, trocken tupfen und die Blätter von den Stängeln zupfen.

Das Gemüse gemeinsam mit Kräutern, Gewürzen, Zitronensaft, Salz und Olivenöl in einem geeigneten Geschirr nach und nach mit einem Stabmixer zu einem groben Brei pürieren.

Ein Backblech mit Backpapier auslegen und mithilfe einer Teigkarte oder eines Löffels das Gemüsepüree gleichmäßig daraufstreichen.

Das Blech in den vorgeheizten Backofen geben, die Temperatur auf 50–70 °C reduzieren und die Paste für ca. 2 Stunden trocknen. Danach herausnehmen und abkühlen lassen.

VORRAT ANLEGEN

Die Paste in sterile Gläser füllen, luftdicht verschließen und kühl stellen. Hält gekühlt bis zu einem halben Jahr.

25 MIN + 2 H TROCKNEN **3 LITER SUPPE** **GLUTENFREI** **VEGAN**

ASIATISCHE AROMENPASTE

Wie der Name erahnen lässt, eignet sich diese Paste besonders gut für alle aus dem asiatischen Raum stammenden Speisen. Der Geschmack Asiens ist besonders in den letzten Jahrzehnten sehr beliebt und dabei ein Stück weit heimisch geworden.

ZUBEREITUNG

Backofen auf 100 °C vorheizen.

Knoblauch schälen, Chilis halbieren und entkernen und gemeinsam mit dem Zitronengras grob hacken. Mit Fenchelsamen, Koriandersamen, Sesam, Pfeffer und Piment in einem Mörser zerstoßen oder in einer Gewürzmühle schroten.

Zwiebeln schälen und in Würfel schneiden. Lauch der Länge nach halbieren, sorgfältig waschen und in grobe Streifen schneiden. Gemüse waschen, putzen, schälen und ebenfalls grob schneiden. Die Kräuter waschen, trocken tupfen und die Blätter von den Stängeln zupfen.

Das Gemüse gemeinsam mit den Kräutern, den zerstoßenen Gewürzen, der Miso-Paste, dem Salz und dem Sesamöl in einem geeigneten Geschirr nach und nach mit einem Stabmixer zu einem groben Brei pürieren.

Ein Backblech mit Backpapier auslegen und mithilfe einer Teigkarte oder eines Löffels das Gemüsepüree gleichmäßig daraufstreichen. In den vorgeheizten Backofen geben, die Temperatur auf 50–70 °C reduzieren und die Paste für ca. 2 Stunden darin trocknen. Dann aus dem Ofen nehmen und erkalten lassen.

VORRAT ANLEGEN

Die Paste in sterile Gläser füllen, luftdicht verschließen und kühl stellen. Hält gekühlt bis zu einem halben Jahr.

3 Knoblauchzehen
2 Chilischoten, getrocknet
2 Stangen Zitronengras
1 TL Fenchelsamen
1 TL Koriandersamen
1 TL Sesam
1 TL Schwarze Pfefferkörner
1 TL Piment
2 Zwiebeln
1 Stange Lauch
2 Tomaten
2 Stangen Staudensellerie
2 Gelbe Rüben
2 Karotten
2 Pastinaken
½ Bund Petersilie
½ Bund Koriander
4 EL Miso-Paste, hell
4 EL Meersalz, grob
3 EL Sesamöl

SUPPEN ZUM AUFGIESSEN
— TO GO —

GUT ZU WISSEN

Statt Frittaten könnt ihr auch aus altbackenem Schwarzbrot Croûtons (*siehe Seite 36*) machen.

Probiert verschiedene vorgekochte Gemüsesorten für diese Suppe. Ideal für Resteverwertung!

20 MIN   2 PORTIONEN   FÜR KINDER   BLITZGERICHT

HILDEGARDS GEMÜSEKRAFTSUPPE
MIT CHILI-DINKEL-FRITTATEN

Ganz nach Hildegard von Bingens wohlbekanntem Satz „Nur eine gesunde Seele kann in einem gesunden Körper ihre Arbeit verrichten." habe ich dieses einfache, aber köstliche Suppenrezept gestaltet. Die Suppe verspricht durch ihre Zutaten eine wohltuende Wirkung sowie durch den Einsatz unserer Aromenpaste viel Geschmack.

ZUBEREITUNG

CHILI-DINKEL-FRITTATEN Mehl, Ei und etwas vom Wasser mit einem Schneebesen in einer Schüssel zu einem glatten, zähen Teig schlagen *(verhindert Klumpenbildung)*. Das restliche Wasser unterrühren, mit Chili, Salz, und Muskat abschmecken. Einige Minuten rasten lassen.

Eine beschichtete Pfanne bei hoher Temperatur erhitzen. Pfannenboden mit wenig Öl benetzen und den Teig mithilfe einer Schöpfkelle mit einer ruckartigen Bewegung dünn in der Pfanne verteilen. Wenn der Teig Blasen bildet, wenden und auch die Oberseite goldbraun backen. Den Vorgang wiederholen, bis der Teig aufgebraucht ist.

Die erkalteten Pfannkuchen halbieren, einrollen und feinnudelig aufschneiden.

SUPPE Das Wurzelgemüse putzen, schälen und in einheitlich fingerdicke Würfel schneiden.

Ein wenig Wasser in einem Topf zum Kochen bringen, salzen und das Gemüse für wenige Minuten darin bissfest blanchieren. Kalt abschrecken.

TO GO

Das erkaltete Gemüse gemeinsam mit den Frittaten und 2 EL der selbstgemachten Aromenpaste in geeignete, hitzestabile to go-Gläser geben. Mit Petersilie bestreuen. Zum gewünschten Zeitpunkt mit heißem Wasser aufgießen und genießen!

CHILI-DINKEL-FRITTATEN
25 g Dinkelmehl
1 Ei
80 ml Wasser
1 Msp. Chilipulver
Salz
Muskat, gerieben
Öl, pflanzlich

SUPPE
1 Tasse Wurzelgemüse
(z.B. Sellerie, Karotten, Lauch)
2 EL Klassische
  Aromenpaste
  (Rezept siehe Seite 22)
Salz
Petersilie, gehackt

KINDER-TIPP
Lasst bei den Dinkelfrittaten das Chilipulver weg und ihr habt ein buntes Süppchen, das auch den Jüngsten schmeckt.

🕐 **20 MIN** 🍴 **2 PORTIONEN** ⚡ **BLITZGERICHT**

GRÜNE BASILIKUM-MINESTRONE

Mit dieser Interpretation des italienischen Klassikers zeige ich euch eine besonders köstliche Suppe, die trotz ihrer vielen Zutaten leicht in der Herstellung ist und durch den Einsatz des beliebten italienischen Basilikumpestos unverkennbar schmeckt. Und erst die Steinpilze darin – da komm ich aus dem Schwärmen nicht mehr heraus!

10 g Steinpilze, getrocknet
1 Handvoll Bohnen
1 Zucchini, klein
1 Stange Staudensellerie
Salz
50 g Nudeln (z.B. Pipette)
1 Handvoll Babyspinat
1 Handvoll Basilikum
1 EL Pesto alla genovese
(Rezept siehe Seite 146)
1–2 EL Mediterrane
Aromenpaste
(Rezept siehe Seite 22)

GUT ZU WISSEN

Probiert die Suppe mit einem anderen Pesto, wie Bärlauchpesto, somit habt ihr schnell eine neue Suppe kreiert.

ZUBEREITUNG

Steinpilze in einer kleinen Schüssel in warmem Wasser einweichen. Bohnen waschen, Spitzen abschneiden und mithilfe des Daumens Fäden entlang der Schote abziehen. Bohnen vierteln. Zucchini waschen, Enden abschneiden, der Länge nach vierteln und in 1 cm breite Stücke schneiden. Staudensellerie schälen, Enden abschneiden und schräg in Streifen schneiden.

Wasser in einem mittelgroßen Topf zum Kochen bringen und salzen. Zuerst die Nudeln mit den Bohnen ca. 5 Minuten kochen. Steinpilze, Zucchini und Sellerie zugeben und weitere 5 Minuten kochen.

Blattspinat hineingeben und kurz mitkochen. Achtung: Pasta, die länger oder kürzer als 10 Minuten braucht, früher oder später dazugeben.

Wenn die Nudeln und das Gemüse gleichmäßig bissfest sind, alles gemeinsam abseihen und mit kaltem Wasser abschrecken.

TO GO

Basilikum grob hacken und gemeinsam mit den anderen Zutaten auf geeignete, hitzestabile to go-Gläser aufteilen. Das Pesto und die Paste dazugeben. Vor dem Genießen mit kochendem Wasser aufgießen und gut umrühren, sodass sich die Pasten lösen.

⏱ 10 MIN   🍴 2 PORTIONEN   ⚡ BLITZGERICHT

JAPANISCHE SPROSSENSUPPE

Die Kombination aus unserer eigens hergestellten Aromenpaste voller fernöstlicher Aromaten und dem feinsäuerlichen Geschmack der Miso-Paste macht diese Suppe besonders wohlschmeckend. Die Sprossen darin sind nicht nur köstlich, sondern auch voller wertvoller Inhaltsstoffe, wie Vitamine, Ballaststoffe und zahlreicher sekundärer Pflanzenstoffe. Die Reisnudeln sorgen für Sättigung trotz leichter Verdaulichkeit.

ZUBEREITUNG

Tofu in mundgerechte Stücke schneiden. Sprossen waschen.

TO GO

Alle Zutaten auf hitzestabile to go-Gläser aufteilen. Vor dem Genießen mit heißem Wasser aufgießen, gut umrühren, sodass sich die Pasten lösen, und bei geschlossenem Deckel 5 Minuten ziehen lassen.

200 g Räuchertofu
250 g Sprossen-Keimlinge-Mix (z.B. Rettich, Rotkohl, Kohlrabi)
100 g Reisnudeln, fein
1 EL Miso-Paste, dunkel
1–2 EL Asiatische Aromenpaste (Rezept siehe Seite 23)

GUT ZU WISSEN

Wenn ihr keine Sprossen habt, könnt ihr auch sehr feinnudelig geschnittenes Wurzelgemüse verwenden.

25 MIN   **2 PORTIONEN**   **GLUTENFREI**   **VEGAN**

RATATOUILLE-SUPPE
NACH TCM

Diese, nach der Traditionellen Chinesischen Medizin (TCM) dem Sommer zugehörige Suppe wirkt sich aufgrund der Inhaltsstoffe und der schonenden Zubereitung besonders positiv auf die Verdauung aus. Dabei kommen alle Elemente in den Zutaten vor. Die mediterranen Aromaten unserer Aromenpaste harmonieren dazu perfekt mit dem Gemüse und dem Geschmack der Tomaten.

1 Paprika
1 Aubergine
Salz
1 Zucchini
1 Zwiebel
1 Knoblauchzehe
etwas Olivenöl
1 EL brauner Zucker
1 EL Tomatenmark
300 g Tomaten aus der
  Dose, gewürfelt
2 EL Mediterrane
  Aromenpaste
  (Rezept siehe Seite 22)
1 EL Oregano, frisch
Olivenöl
Pfeffer

ZUBEREITUNG

Gemüse waschen. Paprika halbieren, Gehäuse und weiße Innenhäute entfernen und in mundgerechte Stücke schneiden. Die Enden der Aubergine abtrennen, der Länge nach in ca. 1 cm dicke Scheiben, dann in Streifen und schlussendlich in ca. 1 cm große Würfel schneiden. Diese in eine Schüssel geben, einsalzen und umrühren. Die Zucchini ebenfalls von den Enden befreien und in ca. 1 cm große Würfel schneiden. Zwiebel und Knoblauch schälen. Zwiebel in feine Würfel schneiden und Knoblauch fein hacken.

Einen mittelgroßen Topf auf dem Herd erhitzen, Boden mit Olivenöl bedecken und Zwiebelwürfel darin glasig dünsten. Die eingesalzenen Auberginenstücke mit der Hand ausdrücken. Die Aubergine gemeinsam mit den Paprikastückchen für ca. 3 Minuten zu den Zwiebeln geben und mitrösten. Nun auch Zucchini, Knoblauch und Zucker zugeben und ca. 2 weitere Minuten rösten. Mit dem Tomatenmark tomatisieren und mit den Tomaten aufgießen. Weitere 2 Minuten köcheln, dann den Topf vom Herd nehmen, die Aromenpaste einrühren und die Oreganoblätter zupfen und zugeben.

Nach Geschmack mit Salz und Pfeffer würzen.

TO GO

Das Ratatouille erkalten lassen und geeignete, hitzestabile to go-Gläser zu einem Drittel damit füllen. Mit Kräutern garnieren. Kurz vor dem Genießen mit kochendem Wasser aufgießen.

GUT ZU WISSEN

Verwendet gelbe Zucchini und helle Auberginen und die Suppe wird zur Augenweide.

Wer gern scharf ist, sollte mit etwas Chili würzen.

20 MIN   2 PORTIONEN   GLUTENFREI

SCHWARZER RETTICH-APFEL-SUPPE

Dieses scharf-süßliche Süppchen ist durch das ungewöhnliche Zusammenspiel von schwarzem Rettich und Apfel geprägt. Die Stärke der Kartoffeln macht die Suppe angenehm cremig. Anders als bei den anderen Suppen stellen wir hier zuerst ein Püree her, welches wir später mit heißem Wasser aufgießen und damit erwärmen und verdünnen können. Eine Methode, mit der ihr eure liebsten Cremesuppen einfach und überall genießen könnt.

ZUBEREITUNG

Zwiebel und Knoblauch schälen und grob hacken. Kartoffeln, Rettich und Apfel schälen. Apfel vom Gehäuse befreien und alles in walnussgroße Stücke schneiden.

Einen mittelgroßen Topf erwärmen, Öl zugeben und Zwiebel darin glasig anschwitzen. Kartoffeln, Rettich, Apfel, Knoblauch und Mandeln zugeben und kurz mitrösten. Mit Gemüsebouillon ablöschen und für gut 10 Minuten bei mittlerer Temperatur weichdünsten. Mit einem Stabmixer zu einem dicken, gleichmäßigen Püree mixen und Crème fraîche unterrühren. Mit Salz und Pfeffer abschmecken.

TO GO

Geeignete, hitzestabile to go-Gläser zu gut einem Drittel mit dem Püree füllen. Apfelstückchen zugeben und mit Schnittlauch bestreuen.

Vor dem Genießen mit kochendem Wasser auffüllen und umrühren.

1 Zwiebel, klein
1 Knoblauchzehe
200 g Kartoffeln, mehlig
150 g Schwarzer Rettich
1 Apfel, süßlich
Olivenöl
1 EL Mandeln, geschält
400 ml Gemüsebouillon
(Rezept siehe Seite 19)
2 EL Crème fraîche
Salz, Pfeffer
etwas Apfel, in Stücke
geschnitten
Schnittlauchröllchen

GUT ZU WISSEN

Passt perfekt zu einem Schwarzbrot mit Butter und Schnittlauchröllchen

Probiert die Suppe mit Radieschen statt Rettich!

15 MIN **2 PORTIONEN** **BLITZGERICHT**

SALATSUPPE
MIT PASTA

Blattsalat wird nur selten in der warmen Küche eingesetzt. Da der Salat bei dieser einfachen Aufgusssuppe ohne Vorkochzeit nur kurz mit der warmen Suppe in Kontakt kommt, bleibt der Salat knackig und behält seine wertvollen Inhaltsstoffe sowie Geschmacksstoffe.

2 Handvoll Pasta
(z.B. Orecchiette)
100 g Friséesalat
100 g Portulak oder
Löwenzahn
100 g Radicchio
2–3 EL Mediterrane
Aromenpaste
(Rezept siehe Seite 22)
Saft und Fleisch
von ½ Orange

ZUBEREITUNG

Die Pasta nach Packungsanweisung bissfest kochen und sofort kalt abschrecken.

Friséesalat, Portulak und Radicchio waschen und in mundgerechte Stücke zupfen. Die Aromenpaste mit dem Saft der Orange verrühren. Orangenfleisch in Scheiben schneiden.

TO GO

Geeignete, hitzestabile to go-Gläser mit der Paste, dem trockenen Salat, den Orangenstücken und der bissfesten Pasta füllen und luftdicht verschließen. Kurz vor dem Essen mit heißem Wasser aufgießen und gründlich umrühren, bis sich die Paste gelöst hat.

GUT ZU WISSEN

Esst die Suppe bald, damit der Salat knackig bleibt.

Probiert das Rezept mit verschiedenen Salatsorten aus.

20 MIN **2 GLÄSER JE 350 ML** **BLITZGERICHT** **VEGAN**

ERFRISCHENDE MINZ-GAZPACHO

Diese pikante, aus Südspanien bzw. Portugal stammende Suppe aus rohem Gemüse ist zu Recht die weltweit bekannteste kalte Suppe. Sie ist in der Zubereitung ebenso einfach wie schnell. Die Minze macht den spanischen Klassiker neben dem wasserreichen Gemüse noch erfrischender. Das Weißbrot gibt ihr dabei eine angenehm cremige Konsistenz.

ZUBEREITUNG

Weißbrot grob schneiden und in einer Schüssel in etwas Wasser einweichen.

Schalotte und Knoblauch schälen, Minze waschen und alles grob hacken. Die Salatgurke schälen, die Enden abschneiden und längs halbieren. Die Kerne mit einem Teelöffel herausschaben. Paprika waschen, halbieren, von Strunk, Kernen und weißen Innenhäuten befreien.

Wasser in einem Topf zum Kochen bringen. Den grünen Strunk der Tomate mithilfe eines Gemüsemessers mit einer Kreisbewegung ausschneiden, die Unterseite der Tomate x-förmig einritzen und für eine Minute in das kochende Wasser geben. Unter eiskaltem Wasser abschrecken, die Haut abziehen, halbieren und mit einem Teelöffel von Kernen befreien.

Das Brot aus der Schüssel nehmen und ausdrücken. Vorbereitetes Gemüse in grobe Stücke schneiden. Gemüse gemeinsam mit dem ausgedrückten Brot, Gemüsebouillon bzw. Aromenpaste und/oder Wasser, Schalotte, Knoblauch und Minze in einem Mixer zu einem feinen Püree mixen.

Mit Zitronensaft, Olivenöl, Salz, Zucker und Cayennepfeffer abschmecken. Kalt stellen.

TO GO

Die Suppe in passende Behälter füllen, mit frischen Tomaten, Gurkenscheiben und Minze garnieren.

1 Scheibe Weißbrot, entrindet
1 Schalotte
1 Knoblauchzehe
½ Bund Minze
½ Salatgurke
1 Paprika
300 g Tomaten, vollreif
400 ml Gemüsebouillon (Rezept siehe Seite 19) oder Mediterrane Aromenpaste (siehe Seite 22) gelöst in Wasser oder nur Wasser
1 EL Zitronensaft
3 EL Olivenöl
1 Prise Salz
1 Prise Zucker
1 Prise Cayennepfeffer, gemahlen

GUT ZU WISSEN

Dazu passt auch ein Löffel Crème fraîche.

Die Suppe eignet sich auch als gesundes Powerfrühstück.

15 MIN **2 GLÄSER JE 350 ML** **BLITZGERICHT**

KALTE GARTENKRÄUTERSUPPE
MIT KNOBLAUCHCROÛTONS

Dieses kalte, pikante Süppchen überzeugt vor allem durch die geschmackliche Vielfalt seiner Kräuter. Die leckere Buttermilch sorgt für eine cremige Konsistenz und einen säuerlichen Geschmack, der perfekt zu dem der würzigen Kräuter passt. Die Croûtons sind der knusprige Gegenpol zur Suppe und wirken dazu sättigend.

SUPPE
½ Bund Schnittlauch
je 1 Zweig Petersilie,
  Majoran, Basilikum,
  Kerbel
300 ml Gemüsebouillon
  (Rezept siehe Seite 19) oder
  Klassische Aromenpaste
  gelöst in Wasser (siehe
  Seite 22) oder nur Wasser
200 ml Buttermilch
Salz, Pfeffer
Olivenöl

KNOBLAUCHCROÛTONS
1 Knoblauchzehe
1 Prise Salz
1 Scheibe Schwarzbrot
Olivenöl

ZUBEREITUNG

KALTE GARTENKRÄUTERSUPPE Die Kräuter waschen und zupfen.

Mit dem Stabmixer die kalte Gemüsebouillon bzw. die in Wasser gelöste Paste mit Buttermilch und Kräutern zu einer feinen Suppe pürieren. Mit Salz, Pfeffer und Olivenöl abschmecken.

KNOBLAUCHCROÛTONS Knoblauch schälen, fein hacken, etwas einsalzen und mit der Flachseite des Messers zu einer Paste zerdrücken. Das Brot in gleichmäßige Würfel schneiden. Eine Pfanne heiß werden lassen, den Pfannenboden mit Olivenöl bedecken. Croûtons unter ständigem Schwenken knusprig rösten, kurz bevor die Croûtons fertig sind, den Knoblauch untermengen.

TO GO

Die Suppe in Gläser geben und verschließen. Croûtons separat mitnehmen und erst kurz vor dem Genießen zugeben.

GUT ZU WISSEN

Statt Buttermilch
könnt ihr auch
Joghurt verwenden.

Probiert auch andere
Kräuterkombi-
nationen aus!

**35 MIN
+ 15 MIN
RUHEZEIT**

**2 GLÄSER
JE 350ML**

GLUTENFREI

KLARE TOMATENSUPPE

Eine Tomatensuppe, die klar ist? Das ist einmal etwas anderes!
Ich setze bei diesem Rezept auf unterschiedliche Tomatensorten und ihre Aromen,
die euch im Geschmack überraschen werden. Mozzarellakugeln als Suppeneinlage
geben dem Ganzen den letzten Schliff.

ZUBEREITUNG

Vollreife Tomaten waschen, halbieren und den Strunk mit einem
V-Schnitt entfernen. Knoblauch schälen. Basilikum waschen, Blätter
abzupfen und in feine Streifen schneiden. Die Basilikumstiele aufheben.

Tomatenhälften mit Knoblauch und Basilikumstielen in eine zum Mixen
geeignete Schüssel geben und mit dem Stabmixer grob pürieren. Pürierte
Tomaten und Gemüsebouillon bzw. in Wasser gelöste Paste in einem mittelgroßen Topf zum Kochen bringen. Mit Salz, Pfeffer, Zucker und Zitronensaft abschmecken und bei mittlerer Hitze für etwa 20 Minuten köcheln.

Anschließend ein großes, grobes Sieb über eine Schüssel geben und mit
einem Passiertuch oder einem Geschirrtuch auslegen. Die Tomatensuppe darin abgießen und abtropfen lassen *(Achtet darauf, dass das Sieb
über und nicht in der Flüssigkeit hängt)*.

Währenddessen die Tomatenraritäten waschen, vom Strunk befreien
und in mundgerechte Stücke schneiden.

Nach 15 Minuten den letzten Rest vom Tomatenpüree im Sieb mit einer
Schöpfkelle nachdrücken. Die klare Suppe gegebenenfalls noch einmal
mit Salz und Pfeffer abschmecken und auskühlen lassen.

Zuletzt Tomatenraritäten, Basilikum, Olivenöl und Mozzarella in die
kalte Suppe geben.

TO GO

Suppe in passende Gläser füllen und bis zum Verzehr kühl lagern. Warm
oder kalt zu Weißbrot genießen!

1 kg Tomaten, vollreif
1 Knoblauchzehe
1 Handvoll Basilikum,
frisch
800 ml Gemüsebouillon
(Rezept siehe Seite 19),
Mediterrane Aromen-
paste gelöst in Wasser
(siehe Seite 22) oder
nur Wasser
Salz
weißer Pfeffer
1 Prise Zucker
Saft von ½ Zitrone
1 Handvoll Tomaten-
raritäten (z.B. Black Cherry,
San Marzano, Yellow Submarine)
3 EL Olivenöl
125 g Mozzarellakugeln

GUT ZU WISSEN

Die Suppe lässt sich auch
gut erwärmen, sodass
der Mozzarella schmilzt
und Fäden zieht.

Lässt sich auch auf
Vorrat kochen und
portionsweise einfrieren.

SALAT
& CO. → TO GO

FÜR GRÜNZEUGRASPLER

Salat ist nicht gleich Salat, das lasst euch sagen. Hier gibt es zum Beispiel den vormarinierten Salat oder auch „Zieh-Salat", denn dieser wird lange Zeit vorher kräftig mariniert, sodass das Gemüse bzw. das Getreide Zeit hat, den vollen Geschmack der Aromen aufzunehmen. Im Gegensatz zum Shaking Salad: Achtung, fertig, schütteln! Oder auch: Die diversen Zutaten unmariniert in geeignetes to go-Geschirr geben und kurz vor dem Verzehr mit dem Dressing durchschütteln. So bleiben die Zutaten besonders lange frisch und knackig. Und ihr fit! Und wenn's einmal alles sein soll, gibt's immer noch den Schichtsalat. Vormarinierte Salate und unmarinierte Zutaten werden dabei übereinandergeschichtet – so entstehen bunte Kreationen.

BASICS

& Dressings & Marinaden

Dressings sind gebundene Salatsaucen. Der Name leitet sich vom englischen „to dress" ab, sie dienen also dazu den Salat „zu überziehen". Dadurch fällt dieser nicht so schnell in sich zusammen und schmeckt herrlich cremig. Die Bindung kommt entweder durch die Eigenschaften der Grundprodukte oder durch eine Emulsion zu Stande.

8 MIN   2 PORTIONEN   GLUTENFREI

BALSAMICO-DRESSING

ZUBEREITUNG

Knoblauch schälen und grob hacken und mit Aceto balsamico, Bouillon bzw. Wasser oder Saft, Senf, Honig, Salz und Pfeffer in einem hohen Geschirr mixen. Das Öl nach und nach untermixen, sodass eine cremige Konsistenz entsteht. Wird das Dressing zu dickflüssig, einfach noch etwas Flüssigkeit unterrühren.

TIPP

Passt sehr gut zum Toskanischen Schwarzbrotsalat (Rezept siehe Seite 71).

1 Knoblauchzehe
50 ml Aceto balsamico
1 Schuss Gemüse-
   bouillon, Wasser
   oder Apfelsaft
1 TL Senf, mittelscharf
1 TL Honig
Salz, Pfeffer
100 ml Olivenöl

8 MIN   2 PORTIONEN   GLUTENFREI   VEGAN

FRANZÖSISCHES DRESSING

ZUBEREITUNG

Knoblauch schälen und pressen. Kapern hacken. Knoblauch und Kapern mit Öl und Senf glattrühren. Essig zugeben und mit Salz und Pfeffer abschmecken.

TIPP

Mein Roter Caesar Salad mit Chili-Tofu (Rezept siehe Seite 64) und das Französische Dressing passen sehr gut zusammen.

1 Knoblauchzehe
2 TL Kapern
6 EL Olivenöl
2 TL Dijonsenf
2 EL Essig
Salz, Pfeffer

8 MIN   2 PORTIONEN   GLUTENFREI

MEIN COCKTAIL-DRESSING

100 g Mayonnaise
3 EL Sweet Chilisauce
(Rezept siehe Seite 149)
2 Schuss Tabascosauce
1 Schuss Weinessig
1 TL Paprikapulver,
edelsüß
Salz, Pfeffer

ZUBEREITUNG

Alle Zutaten in einer Schüssel gut miteinander verrühren.

TIPP

Das Cocktail-Dressing zählt zu meinen persönlichen Favoriten und ich empfehle es besonders zum Cremigen Schwarzwurzel-Spargel-Salat (Rezept siehe Seite 52).

10 MIN   2 PORTIONEN   GLUTENFREI

KÄSE-DRESSING

½ Apfel
100 g Weichkäse
(würzig) oder
Sauermilchkäse
2 EL Walnusskerne
2 EL Olivenöl
2 EL Joghurt
2 EL Apfelessig
Salz, Pfeffer

ZUBEREITUNG

Apfel schälen und reiben. Käse reiben oder hacken.

Die Walnusskerne bei hoher Temperatur ohne Zugabe von Fett in einer Pfanne rösten. Wenn die Kerne Farbe bekommen, von der Hitze nehmen und auf einem Brett grob hacken.

Den Käse mit dem Öl in einer Schüssel glattrühren und dann die anderen Zutaten untermengen.

TIPP

Das Käse-Dressing bietet wahre Geschmacksvielfalt und passt sehr gut zu gemischten Blattsalaten.

8 MIN   2 PORTIONEN   GLUTENFREI

JOGHURT-MINZE-DRESSING

ZUBEREITUNG

Für das Dressing Minze fein hacken und mit den anderen Zutaten in einer kleinen Schüssel verrühren.

TIPP

Dieses Dressing passt nicht nur zu Salat mit Couscous sehr gut. Verwendet etwas weniger Orangensaft und ihr habt einen leckeren orientalischen Dip.

½ Bund Minze
150 ml Joghurt
Saft von ½ Orange
3 EL Olivenöl
Salz

5 MIN   2 PORTIONEN   GLUTENFREI

ROQUEFORT-DRESSING

ZUBEREITUNG

Roquefort glattrühren und mit dem Öl vermengen, dann die anderen Zutaten dazugeben.

TIPP

Blauschimmelkäse ist bekanntlich ein toller Begleiter zu Trauben und daher passt dieses Dressing sehr gut zu einem fruchtigen Traubensalat mit Schwarzbrot.

2 EL Roquefort
4 EL Sonnenblumenöl
2 EL Essig
Salz, Pfeffer

5 MIN   2 PORTIONEN   GLUTENFREI

SWEET CHILI-DRESSING

ZUBEREITUNG

Limette auspressen und mit den anderen Zutaten in einer Schüssel gut verrühren.

TIPP

Dieses einfache Dressing passt hervorragend zum Feurigen Bohnensalat mit Maisfrittaten (Rezept siehe Seite 63).

½ Limette
4 EL Sweet Chilisauce
  (Rezept siehe Seite 149)
5 EL Olivenöl
Salz

Marinaden unterscheiden sich von Dressings vor allem in ihrer Konsistenz: Ihre Dünn-flüssigkeit hat den Vorteil, dass sie besser in den Salat eindringen. Bei Marinaden ist es besonders wichtig, auf die gute Qualität ihrer Grundzutaten (Essig und Öl) zu achten.

8 MIN 2 PORTIONEN GLUTENFREI

FERNÖSTLICHE MARINADE

1 Stück Ingwer (3 cm)
2 EL Reisessig
4 EL Sesamöl
2 EL Sweet Chilisauce
  (Rezept siehe Seite 149)
1 EL schwarzer Sesam
1 TL Sojasauce

ZUBEREITUNG

Ingwer schälen, fein hacken und gemeinsam mit den anderen Zutaten gut verrühren.

TIPP

Mit etwas Mangopüree oder einer zerdrückten Banane macht ihr die fernöstliche Marinade zu einem fruchtigen Dressing. Ich empfehle diese Marinade zum Taboulé (Rezept siehe Seite 68).

8 MIN 2 PORTIONEN GLUTENFREI VEGAN

MEDITERRANE MARINADE

1 EL Tomaten,
  getrocknet
1 EL grüne Oliven
1 EL Basilikum, frisch
2 EL Zitronensaft oder
  weißer Balsamico
6 EL Olivenöl

ZUBEREITUNG

Getrocknete Tomaten, Oliven und Basilikum grob hacken. Alle Zutaten gut miteinander verrühren.

TIPP

Um ein Dressing aus dieser Marinade zu machen, könnt ihr einen zerbröselten Schafskäse oder einen Ziegenfrischkäse unterrühren.

Bei Blattsalaten: 1 Teil Essig und 2 Teile Öl, Salz, evtl. Zucker und Kräuter

Bei Gemüsesalaten: 1 Teil Essig und 1 Teil Öl, Salz, Pfeffer und evtl. Kräuter

8 MIN 2 PORTIONEN GLUTENFREI VEGAN

ITALIENISCHE MARINADE

ZUBEREITUNG

Knoblauch schälen, fein hacken, etwas einsalzen und mit der flachen Messerseite zerdrücken. Mit den anderen Zutaten gut verrühren.

TIPP

Diese Marinade schmeckt am besten zum klassischen Blattsalat mit Cocktailtomaten, Mozzarella und frisch gehackten Basilikumblättern.

1 Knoblauchzehe
Salz
2 EL roter Aceto balsamico
5 EL Olivenöl
1 Prise Zucker
Pfeffer

8 MIN 2 PORTIONEN GLUTENFREI FÜR KINDER

FRUCHTIGE MARINADE

ZUBEREITUNG

Schalotte schälen und möglichst feinwürfelig schneiden. Limette entsaften und gemeinsam mit den anderen Zutaten mit einem Schneebesen gut verrühren.

TIPP

Verfeinert die Marinade mit zerdrückten, frischen Beeren.

KINDER-TIPP

Für mich eine ideale Marinade für Kinder, die zu jedem Salat passt.

1 Schalotte
¼ Limette
1 EL Himbeeressig
1 EL Senf, süß
4 EL Olivenöl oder Walnussöl
1 Schuss Orangensaft
Salz, bunter Pfeffer
evtl. eine Prise Zucker

8 MIN 2 PORTIONEN GLUTENFREI VEGAN

LIMETTEN-OLIVENÖL-MARINADE

½ Limette
5 EL Olivenöl
1 Prise Zucker
Salz

ZUBEREITUNG

Limette entsaften. Den Saft mit den anderen Zutaten mit einem Schneebesen gut verrühren.

TIPP

Diese einfache, moderne Marinade ist gerade im Sommer für alle Salate geeignet.

8 MIN 2 PORTIONEN GLUTENFREI VEGAN

ORANGEN-GRANATAPFEL-MARINADE

100 ml Orangensaft,
  frisch gepresst
2 EL weißer Balsamico
5 EL Olivenöl
4 EL Granatapfelkerne
1 Prise Zucker
Salz

ZUBEREITUNG

Alle Zutaten gut miteinander verrühren.

TIPP

Granatapfelkerne schmecken wunderbar zu Blattsalat und werten auch optisch auf.

VORMARINIERTE SALATE

GUT ZU WISSEN

Schichtet den Salat abwechselnd mit Reis und Blattsalat und ihr habt einen leckeren, proteinreichen Schichtsalat.

Mischt unter diesen Salat verschiedenste Kräuter, die eure Kräutersammlung zu bieten hat.

Ich empfehle euch, den Salat am Vorabend vorzubereiten und mariniert im geeigneten to go-Geschirr kühl zu stellen, so habt ihr am Morgen den perfekten Salat to go.

25 MIN + 2 H ZIEHZEIT **2 PORTIONEN** **GLUTENFREI** **VEGAN**

BUNTER GEMÜSE-LINSEN-SALAT

Linsensalat schmeckt am besten vormariniert. Die Marinade und würzigen Kräuter durchziehen so die Hülsenfrüchte und bieten dadurch vollen Geschmack. Habt ihr gewusst, dass Linsen besonders für die Vegetarier und Veganer unter uns eine großartige Eiweißquelle darstellen?

ZUBEREITUNG

Die Linsen in einem feinen Sieb unter fließendem Wasser waschen und anschließend in der Bouillon bzw. in der im Wasser aufgelösten Paste oder im Wasser ohne Zugabe von Salz für rund 20 Minuten bissfest kochen. Die Linsen wieder durch ein feines Sieb abgießen. Die Linsen mit kaltem Wasser abschrecken.

Zwiebel schälen und in feine Würfel schneiden. Paprika entkernen und in feine Würfel schneiden. Tomaten in feine Streifen schneiden und Kräuter hacken.

Die kalten Linsen gemeinsam mit Paprika, Tomaten, Zwiebel und Kräutern in eine große Schüssel geben und mit der Marinade beträufeln. Nach Bedarf nochmal mit Salz und Pfeffer abschmecken.

TO GO

Salat sofort in einem geeigneten to go-Geschirr verschließen und für mindestens 2 Stunden kühl stellen, damit der Salat die Marinade aufnehmen kann. Durch das Aufsaugen der Marinade kann ein Salat, obwohl er kräftig mariniert war, deutlich an Geschmack verlieren. Deshalb empfehle ich euch, den Salat immer nochmals abzuschmecken.

80 g Belugalinsen
80 g Rote Linsen
1 l Gemüsebouillon
(Rezept siehe Seite 19),
Mediterrane Aromenpaste gelöst in Wasser
(siehe Seite 22) oder
nur Wasser
1 rote Zwiebel
1 Paprika
2 EL Tomaten, eingelegt
1 EL Petersilie, frisch
1 EL Thymian, frisch
6 EL Mediterrane Marinade
(Rezept siehe Seite 46)
evtl. Salz, Pfeffer

30 MIN
+ 2 H
ZIEHZEIT

2 PORTIONEN

CREMIGER SCHWARZ-WURZEL-SPARGEL-SALAT

Der cremige Schwarzwurzelsalat ist ein weiterer Salatklassiker, der bei keinem Heurigen-Besuch fehlen darf. Die Kombination aus Schwarzwurzel mit heimischem Spargel und cremigem Cocktail-Dressing macht Salatträume war.

200 g Schwarzwurzeln
Salz
200 g Spargel, weiß
etwas Butter
1 Prise Zucker
1 Stück Weißbrot,
  altbacken
6 EL Cocktail-Dressing
  (Rezept siehe Seite 44)
1 TL frische Schwarze
Johannisbeeren

ZUBEREITUNG

Die Schwarzwurzelstangen mit einer Gemüsebürste unter fließendem Wasser waschen. Ungeschält in reichlich gesalzenem Wasser ca. 10 Minuten bissfest garen und dann mit eiskaltem Wasser abschrecken. Die Haut mit einem Gemüsemessers abziehen.

Spargel gründlich mit einem Sparschäler schälen *(bis er nicht mehr glänzt)*. Die Spargelköpfe werden dabei nicht geschält. Die holzigen Spargelenden großzügig abschneiden.

Wasser in einem Topf zum Kochen bringen. Salz, ein Stückchen Butter, einer Prise Zucker, ein altes Stück Weißbrot *(um der Bouillon die Bitterstoffe zu entziehen)* hineingeben. Spargel dazugeben. Die Garzeit unterscheidet sich je nach Dicke der Spargelstangen. Während grüner Spargel generell schneller gar ist und nur ca. 8 Minuten braucht, sind beim weißen Spargel mit 10–12 Minuten zu rechnen.

Dann ebenfalls kalt abschrecken. Gemeinsam mit den geschälten Schwarzwurzeln in mundgerechte Stücke schneiden und in einer weiten Schüssel mit dem Cocktail-Dressing anmachen.

TO GO

Salat sofort in einem geeigneten to go-Geschirr verschließen und für mindestens 2 Stunden oder besser über Nacht kühl stellen, damit der Salat die Marinade aufnehmen kann. Durch das Aufsaugen der Marinade kann ein Salat, obwohl er kräftig mariniert war, deutlich an Geschmack verlieren. Deshalb empfehle ich euch, den Salat immer nochmals abzuschmecken. Mit den Beeren garnieren.

GUT ZU WISSEN

Probiert den Salat mit in Stifte geschnittenem, gekochtem Kohlrabi anstelle des Spargels.

Versucht auch andere Dressings oder Marinaden.

GUT ZU WISSEN

Ich empfehle euch den Salat am Vorabend vorzubereiten und in einem geeigneten to go-Geschirr kühl zu stellen, so habt ihr am Morgen den perfekten Salat to go.

30 MIN   2 PORTIONEN   GLUTENFREI   VEGAN   FÜR KINDER

DJUVEC-REISSALAT
MIT MANGO

Dieser herrlich würzige Reissalat basiert auf dem südosteuropäischen Djuvec-Reis. Viele Länder dieser Region wollen dieses köstliche Reisgericht für sich beanspruchen, doch woher es tatsächlich stammt, ist unklar. Es zeichnet sich besonders durch den kräftigten, von Paprikaaromen durchzogenen Reis aus, den ich durch eine entsprechende Säuerung zum perfekten Reissalat umgestaltet habe.

ZUBEREITUNG

Erbsen aus den Schoten perlen und waschen. *(Sind die Erbsenschoten noch jung, könnt ihr die ganzen verwenden.)* Paprika waschen, halbieren und vom Gehäuse und den weißen Innenhäuten befreien, in feine Würfel schneiden. Frühlingszwiebeln waschen und in feine Ringe schneiden. Mango schälen und in gleichmäßige fingerdicke Würfel schneiden. Petersilie waschen und feinnudelig schneiden.

Einen mittelgroßen Topf erhitzen, Topfboden mit reichlich Olivenöl bedecken und Paprika und Frühlingszwiebeln darin anschwitzen. Reis zugeben und gut drei Minuten mitrösten (löst die Stärke). Ajvar untermengen, kurz mitrösten, mit Essig ablöschen und mit der Flüssigkeit aufgießen. Hitze reduzieren, Topf zudecken und 15 Minuten auf kleiner Flamme dünsten.

Nun Erbsen, Petersilie und Mango unterrühren, mit Salz und Pfeffer abschmecken und für ca. weitere 5 Minuten ohne Deckel fertig köcheln. Auskühlen lassen.

TO GO

Nach Bedarf noch einmal abschmecken, mit Petersilie garnieren und in einem geeigneten to go-Geschirr verschließen.

KINDER-TIPP

Verwendet einen milden Ajvar und ihr habt eine fruchtige Reis-Salat-Mischung, die schmeckt und satt macht.

1 Handvoll Erbsenschoten oder TK-Erbsen
1 rote Paprika
1 gelbe Paprika
3 Frühlingszwiebeln
1 Mango
1 Handvoll Petersilie
Olivenöl
100 g Spitzen-Langkorn-Reis oder Basmati-Reis
5 EL Ajvar
(Rezept siehe Seite 148)
4 EL Weißweinessig
200 ml Gemüsebouillon
(Rezept siehe Seite 19),
Mediterrane Aromenpaste gelöst in Wasser
(siehe Seite 22) oder nur Wasser
Salz, Pfeffer

15 MIN + 2 H ZIEHZEIT   **2 PORTIONEN**   **GLUTENFREI**

SÜßSAURER GLASNUDELSALAT

Ein Salat, der auf keiner Party fehlen darf. Die Reisnudeln ziehen den Geschmack der Aromaten geradezu auf und sind dabei leichter als die klassischen Weizennudeln.

GLASNUDELSALAT
200 g Glasnudeln
½ Fenchelknolle
1 Paprika
2 Limetten
2 Chilischoten
2 EL Korianderkraut
2 EL Thaibasilikum
100 g Cashewkerne,
   geröstet
1 Handvoll Sprossenmix

MARINADE
2 EL Sojasauce
2 EL Fischsauce
1 EL Ahornsirup
5 EL Erdnussöl
1 EL schwarzer Sesam
1 TL Kreuzkümmel
1 TL Koriander,
   gemahlen

ZUBEREITUNG

GLASNUDELSALAT Die Glasnudeln in eine Schüssel geben und mit kochendem Salzwasser übergießen, nach ca. 4 Minuten durch ein feines Sieb abseihen und kalt abschrecken.

Das Grün der Fenchelhälfte abschneiden und beiseitelegen. Fenchel nochmals halbieren, vom Strunk befreien und feinnudelig schneiden. Paprika schälen, Gehäuse entfernen und ebenfalls in feine Streifen schneiden. Limetten entsaften, Chilischoten fein hacken, Kräuter und Fenchelgrün fein schneiden und Cashewkerne grob hacken.

Nun die Nudeln mit dem Gemüse, den Nüssen und dem Sprossenmix vermengen.

MARINADE Alle Zutaten in einer Schüssel zu einer Marinade verrühren und über das Nudel-Gemüse-Gemisch gießen und ordentlich mischen.

TO GO

Salat sofort in einem geeigneten to go-Geschirr verschließen und für mindestens 2 Stunden oder besser über Nacht kühl stellen, damit der Salat die Marinade aufnehmen kann. Durch das Aufsaugen der Marinade kann ein Salat, obwohl er kräftig mariniert war, deutlich an Geschmack verlieren, weshalb ich euch empfehle, den Salat immer nochmals abzuschmecken. Mit schwarzem Sesam bestreuen.

GUT ZU WISSEN

Probiert den Salat auch mit Nudeln aus Konjakmehl, den Shirataki-Nudeln, aus.

SCHICHTSALATE

SCHICHTSALATE

Schichtsalate sind eine meiner liebsten Wegbegleiter. Ich liebe es leckere Zutaten zu schichten. Dafür eignen sich kräftige, vormarinierte Salate und diverse Blattsalate und Gemüse. Der wesentliche Unterschied zum Shaking Salad ist jener, dass die Schichten erhalten bleiben sollen. Die Vielfältigkeit an Zutaten mit den verschiedenen Dressings und Marinaden lassen jeden Salatliebhaber die passende Kombination finden und in seiner Lunchbox oder im Glas überallhin mitnehmen. Habt ihr einmal die Zutaten vorbereitet, sind alle Schichtsalate in 5 Minuten to go-fertig!

Hier ein kleiner Vorgeschmack an Zutaten, die ihr schichten könnt:

VORMARINIERTE SALATE
ab Seite 50

BLATTSALATE
Endiviensalat, Lollo rosso, Feldsalat, Eisbergsalat, Rucola etc.

GEMÜSE
Gurken, Tomaten, Paprika, Karotten etc.

FRÜCHTE UND BEEREN
Äpfel, Birnen, Orangen, Himbeeren etc.

KÄSE
Mozzarella, Ziegenfrischkäse, Parmesan etc.

TOPPING
Kräuter, Nüsse, Croûtons, gekochte Eier, Tofu etc.

GEHALTVOLLES
Nudeln, Reis, Linsen, Kichererbsen etc.

20 MIN **2 PORTIONEN**

SCHICHTSALAT „CAPRESE"

Die klassische Insalata Caprese ist der wohl bekannteste italienische Vorspeisensalat über-haupt. Die Mischung aus frischen Tomaten, frischem Mozzarella und dem frischen Geschmack von Basilikum ist unschlagbar. Um die Caprese noch etwas pfiffiger zu machen, verwende ich hier das Pesto alla genovese und ergänze noch ein wenig knackigen und herrlich aromatischen Rucola. Wenn du nicht nach Italien kommst, dann kommt Italien eben zu dir.

100 g Pasta (z.B. Spiralen)
Salz
200 g Tomaten
200 g Büffelmozzarella
2 Handvoll Rucola
4 EL Pesto alla genovese
(Rezept siehe Seite 146)

ZUBEREITUNG

Pasta in gesalzenem Wasser nach Packungsanweisung kochen.

Tomaten waschen, vom Strunk befreien und in gleichmäßig dünne Scheiben schneiden. Den Büffelmozzarella in etwa gleich große Scheiben schneiden. Den Rucola waschen.

TO GO

Nun abwechselnd Mozzarella, Tomaten, Pesto und Pasta schichten, bis das Glas fast voll ist und mit Rucola abschließen.

15 MIN **2 PORTIONEN** **GLUTENFREI**

REISSCHICHTSALAT
MIT RAUCHKÄSE

Mehr spannende Aromen als in diesem Schichtsalat sind schwer vorstellbar. Hier mische ich den geschmackvollen Reissalat mit dem kalt geräucherten Käse. Und der Chinakohl sorgt für einen knackigen Biss.

ZUBEREITUNG

Den Chinakohl waschen, vom Strunk befreien, nudelig schneiden und in einer Schüssel mit der Marinade mischen. Den Rauchkäse in dünne Scheiben schneiden und dann ebenfalls feinnudelig schneiden. Paprika in mundgerechte Stücke schneiden.

TO GO

Nun abwechselnd Reissalat, Chinakohl und Rauchkäse in ein hohes Gefäß füllen und mit dem eingelegten Paprika abschließen.

150 g Chinakohl
2 EL Limetten-
Olivenöl-Marinade
(Rezept siehe Seite 48)
150 g Käse, geräuchert
2 Paprika, eingelegt
250 g Djuvec-Reissalat
mit Mango
(Rezept siehe Seite 55)

SHAKING
SALADS

20 MIN **2 PORTIONEN** **BLITZGERICHT** **GLUTENFREI**

FEURIGER BOHNENSALAT
MIT MAISFRITTATEN

Dass die Kombination von Bohnen und Mais nicht nur zum mexikanischen Klassiker „Chili con Carne" passt, werdet ihr spätestens bei diesem Salat feststellen. Der frische Salat neutralisiert die Schärfe der Chili und sorgt gemeinsam mit den knusprigen Frittaten für ein unverkennbar gutes Geschmackserlebnis.

ZUBEREITUNG

Maiskörner der Länge nach vom Kolben schneiden oder Mini-Maiskolben abseihen. Kirschtomaten waschen und halbieren. Schalotte schälen und feinwürfelig schneiden. Basilikum waschen und grob hacken. Chili der Länge nach halbieren, fein hacken und mit Tomaten, Basilikum und Schalotten vermengen. Salat waschen und zupfen.

Tortilla in einer heißen Pfanne auf beiden Seiten bei hoher Temperatur kurz rösten, auskühlen lassen, halbieren, zusammenrollen und zu feinen Frittaten schneiden.

TO GO

Nun die Gläser in dieser Reihenfolge befüllen: Bohnen, Mais, Tomaten, Salat und Tortillafrittaten. Marinade separat mitnehmen und vor dem Verzehr darübergeben, damit alle Zutaten frisch bleiben.

1 Maiskolben, gekocht, oder Mini-Maiskolben
180 g Kirschtomaten
1 Schalotte
1 Handvoll Basilikum
1 Chili
50 g Kopfsalat
1 Maistortilla
100 g Feuerbohnen, gekocht
Sweet Chili-Dressing (Rezept siehe Seite 45)

GUT ZU WISSEN

Auch bei Dosenbohnen gibt es schon hochwertige Produkte, auf die ihr zurückgreifen könnt, wenn ihr die Vorbereitungszeit kürzen möchtet.

🕐 20 MIN   🍴 2 PORTIONEN   ⚡ BLITZGERICHT

ROTER CAESAR SALAD
MIT CHILI-TOFU

Bei meiner Interpretation des bekannten amerikanischen Originals setze ich auf den kräftigen Radiccio als Salat. Der in Teriyaki Sauce marinierte, knusprig gebratene Tofu ist eine willkommene Abwechslung zum Hühnerfleisch.

60 g Radiccio
100 g Kirschtomaten
1 Knoblauchzehe
20 g Parmesan
80 g Chili-Tofu
2 Scheiben Weißbrot
4 EL Teriyaki Sauce
Olivenöl
Salz
2 EL Kapern
6 EL Französisches
   Dressing
   (Rezept siehe Seite 43)

ZUBEREITUNG

Salat waschen, trocknen und in mundgerechte Stücke reißen. Tomaten waschen und halbieren. Knoblauch schälen und sehr fein hacken. Parmesan mit einem Sparschäler oder einer Raspel hobeln.

Tofu und Brot in etwa gleich große Würfel schneiden. Tofu in einer Schüssel mit Teriyaki Sauce marinieren.

Für die Croûtons eine Pfanne heiß werden lassen, Pfannenboden mit reichlich Olivenöl bedecken und Brotwürfeln darin ca. 4 Minuten goldbraun rösten, gegen Ende Knoblauch und etwas Salz zugeben und kurz mitrösten.

Dieselbe Pfanne kurz auswischen, erneut heiß werden lassen, Boden mit Öl bedecken und nun den Tofu ohne Sauce darin unter ständigem Schwenken rund 5 Minuten braten. Wenn er außen knusprig wird, mit einem Schluck Teriyaki Sauce ablöschen und von der Flamme nehmen.

TO GO

Der Reihe nach Tofu, Tomatenhälften, Kapern und Salat in geeignete to go-Gläser schichten. Ein Stück Küchenkrepp oder Backpapier darauflegen und darauf den Käse und die Croûtons geben. Deckel schließen. Füllt das Dressing separat in ein kleines Glas und mariniert den Salat kurz vor dem Verzehr.

20 MIN **2 GLÄSER** **BLITZGERICHT** **GLUTENFREI**

SHAKING ZOODLES
MIT MINZPESTO + BABYSPINAT

Dieser moderne Zucchininudel-Salat ist ein Traum für jeden Salatfan. Das besondere Mundgefühl der Zucchininudeln mit dem einzigartig frischen Geschmack des Minzpestos sowie des salzigen Käses wird im Zusammenspiel zu einer wahren Gaumenfreude.

ZUBEREITUNG

Zucchini waschen, Enden abschneiden und mit einem Gerät zu Spiralen verarbeiten oder mithilfe eines Küchenmessers zuerst der Länge nach in feine Scheiben und dann wiederum der Länge nach in feine Streifen schneiden.

Eine beschichtete Pfanne heiß werden lassen und Pinienkerne darin ohne Zugabe von Öl rösten, bis sie leicht gebräunt sind. Pinienkerne aus der Pfanne nehmen und Zoodles in derselben Pfanne unter Zugabe von etwas Olivenöl und einer Prise Salz bei hoher Temperatur schwenkend anschwitzen.

Babyspinat vorsichtig putzen und Käse hobeln.

Für die Minzmarinade das Pesto mit etwas Wasser und Zitronensaft verdünnen.

TO GO

Der Reihe nach Zoodles, Babyspinat, Pinienkerne und gehobelten Käse in ein Behältnis schichten und dieses luftdicht verschließen. Füllt das Dressing separat in kleine Gläser und gießt dieses vor dem Verzehr über den Salat.

1 Zucchini
2 EL Pinienkerne
Olivenöl
Salz
2 Handvoll Babyspinat
50 g Hartkäse
3 EL Minzpesto
  (Rezept siehe Seite 146)
Saft von ½ Zitrone

GUT ZU WISSEN

Verwendet auch gelbe Zucchini, um mehr Farbe zu bekommen.

Probiert den Salat auch mit Basilikumpesto.

20 MIN   2 PORTIONEN   BLITZGERICHT   FÜR KINDER

TABOULÉ

Auch wenn dieser Salat etwas aufwendiger ist als meine anderen Shaking Salads, ist er es allemal wert. Taboulé ist ein Bulgursalat, der aus dem arabischen Raum kommt, aber trotzdem mit leckeren heimischen Produkten herstellbar ist. Er eignet sich zum schnellen Marinieren und besticht durch das Zusammenspiel von Kräutern mit einer würzigen Marinade.

100 g Bulgur
330 ml Gemüsebouillon
(Rezept siehe Seite 19),
Mediterrane Aromen-
paste gelöst in Wasser
(siehe Seite 22) oder
nur Wasser
Salz
100 g Kirschtomaten
½ Salatgurke
1 Paprika
2 Frühlingszwiebeln
1 Handvoll Minze
1 Handvoll Petersilie
6 EL Fernöstliche
Marinade
(Rezept siehe Seite 46)

GUT ZU WISSEN

Der Salat kann hervorragend mit Räucherlachs ergänzt werden.

Probiert den Salat mit Couscous anstelle von Bulgur.

ZUBEREITUNG

Bulgur in einem Sieb waschen, Bouillon bzw. in Wasser gelöste Paste oder Wasser in einem Topf zum Kochen bringen und salzen. Bulgur darin bei mittlerer Hitze ohne Deckel ca. 5 Minuten kochen. Vom Herd nehmen, Deckel daraufgeben und quellen lassen.

Tomaten waschen und halbieren. Gurke waschen, der Länge nach halbieren und mithilfe eines Teelöffels Kerne entfernen, beide Hälften nochmal der Länge nach halbieren und in ca. 5 mm dicke Stücke schneiden. Paprika waschen, halbieren, Gehäuse und weiße Innenhäute entfernen, zuerst in Streifen, dann in Würfel schneiden. Frühlingszwiebeln gegebenenfalls schälen und in dünne Ringe schneiden. Kräuter waschen und grob hacken.

TO GO

Der Reihe nach Frühlingszwiebeln, Bulgur, Gurke, Tomaten, Paprika in ein geeignetes to go-Geschirr schichten und mit gehackten Kräutern bestreuen. Die Marinade separat in kleine Gläser füllen und vor dem Verzehr über den Salat gießen. Durchschütteln und genießen!

KINDER-TIPP

Kinder mögen meist fruchtige und nicht zu saure Marinaden. Probiert das Rezept zum Beispiel mit der Fruchtigen Marinade (Rezept siehe Seite 47).

🕐 20 MIN   🍴 2 PORTIONEN   ⚡ BLITZGERICHT

TOSKANISCHER SCHWARZBROTSALAT

Für diesen Salat habe ich mir das toskanische Ritual, altbackenes Brot für einen frischen Salat zu verwenden, abgeschaut. Jedoch verwende ich statt Weißbrot Schwarzbrot, das würziger schmeckt und noch dazu gesünder ist. Auch wenn es sonst eher unbeliebt ist, hat altbackenes Brot in einem Salat viele positive Eigenschaften, wie etwa die feste Struktur, die den Geschmack der Aromaten aus dem Salat zieht und bei sich behält ohne aufzuschwemmen.

ZUBEREITUNG

Brot in gleichmäßig fingerdicke Würfel schneiden. Eine Pfanne heiß werden lassen, Pfannenboden mit Olivenöl bedecken und Croûtons darin unter ständigem Rühren knusprig rösten und beiseite stellen.

Schalotte schälen, halbieren und in feine Streifen schneiden. Gurke waschen, der Länge nach halbieren, Kerne mit einem Teelöffel ausschaben und in Streifen schneiden. Tomaten waschen und halbieren. Rucola waschen und trocknen. Den Käse grob raspeln.

TO GO

Nun alle Zutaten außer Brot, Käse und Dressing in einer Schüssel vermischen und auf geeignete to go-Behältnisse aufteilen. Mit einem Stück Backpapier abdecken, Brot und Käse darauflegen und das Gefäß luftdicht verschließen. Das Dressing separat in einem kleinen Schraubglas mitnehmen und den Salat kurz vor dem Verzehr marinieren.

100 g Schwarzbrot, altbacken
Olivenöl
1 Schalotte
½ Feldgurke
1 Handvoll Kirschtomaten
2 Handvoll Rucola
50 g Hartkäse, würzig
1 Handvoll schwarze Oliven, entkernt
4 EL Balsamico-Dressing
(Rezept siehe Seite 43)

GUT ZU WISSEN

Wenn ihr den Salat 10 Minuten ziehen lässt, schmeckt er am besten.

Probiert den Salat mit knusprigem Pita anstelle des Schwarzbrots.

🕐 **15 MIN** 🍴 **2 PORTIONEN** ⚡ **BLITZGERICHT**

WILDKRÄUTERSALAT
MIT GERÖSTETEM PITA

Wie ihr es vielleicht aus persischen Restaurants schon kennt, isst man dort gerne gemischte Kräuter als Salat. Nicht nur weil es wegen der vielen ätherischen Öle sehr gesund ist, sondern auch weil es genial schmeckt und vor allem den Appetit anregt. Das Pita bietet dazu etwas Sättigung und wirkt als Neutralisator.

1 Bund Koriander
1 Bund Petersilie
1 Bund Dill
1 Bund Minze
1 Handvoll Wildkräuter
   (z.B. Schafgarbe, Sauerampfer, Löwenzahn)
1 Knoblauchzehe
3 EL Olivenöl
Salz
150 g Ziegenkäse,
   gereift
1 Handvoll Pistazien
150 g Granatapfelkerne
2 Pita
6 EL Limetten-
   Olivenöl-Marinade
   (Rezept siehe Seite 48)

ZUBEREITUNG

Kräuter waschen, trocken tupfen und die Blätter von den Stielen in eine große Schüssel zupfen. Knoblauch schälen, grob hacken und mit einem Schuss Olivenöl und einer Prise Salz im Mörser stoßen.

Käse reiben oder fein hacken und zu den Kräutern geben. Pistazien schälen und mit den Granatapfelkernen unter den Kräutersalat mischen.

Eine beschichtete Pfanne heiß werden lassen und die Brote darin auf beiden Seiten ohne Zugabe von Öl für je ca. 1 Minute rösten. Das heiße Brot nun mit dem Knoblauchöl bepinseln und vierteln.

TO GO

Den Salat in 2 Gläser oder ein großes Glas füllen, mit einem Stück Küchenkrepp oder Backpapier abdecken und Brot darauflegen oder das Brot sowie das Dressing separat verpacken. Den Salat kurz vor dem Verzehr marinieren und Knoblauchpita dazugenießen.

GUT ZU WISSEN

Hummus passt perfekt zu diesem Salaterlebnis!

Ihr könnt praktisch alle Kräuter für diesen Salat verwenden.

SANDWICHES & BURGER → TO GO

FÜR GESCHMACKSFREUDIGE

Sandwiches und Burger sind ohne Frage die beliebtesten Klassiker in der to go-Küche überhaupt. Sie sind mit dem Fingerfood verwandt und alle gehören zur modernen Familie des Streetfoods.

Vielleicht ist es ja gerade das, dass wir mit den Fingern essen können, was das Fastfood so beliebt macht. Ist euch schon einmal aufgefallen, dass fast jedes dieser Fastfood-Gerichte aus Fleisch und Weißbrot besteht? Dabei hat unsere Natur mit ihrem reichhaltigen Angebot an Gemüse so viele bunte, unterschiedliche und geschmacksintensive Alternativen zu bieten. Auch bei den Saucen gibt es endlos viele gesündere und interessantere Varianten zu Senf und Ketchup, die ein Sandwich oder einen Burger ungemein aufwerten können. Also blättert um und seht selbst!

FLADEN

🕐 **20 MIN** 🍴 **2 PORTIONEN** ⚡ **BLITZGERICHT**

GRILLKÄSEFLADEN
MIT SAUERKRAUT
+ CHILIMAYONNAISE

Dieser Grillkäsefladen ist ein vegetarisches Sandwich der Extraklasse. Bei dem vollmundigen Grillaroma des gegrillten Käses in Kombination mit dem des Sauerkrautes kommt man nicht auf die Idee Fleisch zu missen. Die scharfe Chilimayonnaise sorgt dabei nicht nur für mehr Geschmack, sondern auch dafür, dass kein Bissen zu trocken wird.

ZUBEREITUNG

Den Backofen auf 180 °C Heißluft vorheizen.

Schalotte schälen und in Ringe schneiden. Salat und Tomate waschen und Tomate ebenfalls in Scheiben schneiden. Sauerkraut in einem Sieb unter fließendem Wasser spülen und anschließend ausdrücken.

Käse in vier Scheiben schneiden. Eine Pfanne erhitzen und den Boden mit reichlich Olivenöl bedecken. Den Käse darin auf beiden Seiten ca. 4 Minuten knusprig anbraten, bis er goldbraun ist.

Währenddessen das Fladenbrot halbieren und für 5 Minuten im Ofen leicht knusprig backen, horizontal durchschneiden und die Brotinnenseiten mit etwas Olivenöl benetzen.

Fladenviertel mit Salat, Sauerkraut, Käse, Tomaten, Schalotten und Sprossen füllen.

TO GO

Füllt die Chilimayonnaise in ein Gefäß und gebt diese erst kurz vor dem Verzehr dazu, so bleiben das Brot und die anderen Zutaten frisch und knackig.

1 Schalotte
2 Blätter Lollo rosso
1 Tomate
120 g Sauerkraut
250 g Grillkäse
(z.B. Halloumi)
Olivenöl
1/2 Fladenbrot
Sprossen nach Belieben
6 EL Chilimayonnaise
(Rezept siehe Seite 151)

BURGER

20 MIN
+ 60 MIN RUHEZEIT
+ 20 MIN BACKZEIT

10 BRÖTCHEN

DAS PERFEKTE BURGERBROT

Am Anfang war das Burgerbrot, denn alles steht und fällt mit den Brötchen! Oft scheitern gute Burger gerade daran. Das perfekte Burgerbrot darf weder zu knusprig, noch zu weich sein und soll eine feine, süßliche Textur aufweisen. Mit meinem Brötchenrezept zeige ich euch, wie einfach ihr euch ein solches Brot selbst backen könnt.

ZUBEREITUNG

Milch in einem kleinen Topf erwärmen *(ca. 45 °C; nicht zu warm!)*. Salz und Zucker hinzugeben und Hefe in der lauwarmen Milch unter Rühren auflösen.

Butter in einem weiteren Topf bei mittlerer Temperatur erwärmen, bis sie braun wird.

Mehl in eine große Schüssel geben, mit brauner Butter und einem Ei vermengen und zu einer gleichmäßigen Masse kneten. Die Hefe-Milch anschließend gut einarbeiten. Mit den Händen oder der Maschinen die Masse zu einem glatten Teig verarbeiten. *(Der Teig darf ruhig etwas mehr kleben, als man es sonst gewohnt ist)*.

Nun den Teig zu einer Kugel formen. Ein Geschirrtuch befeuchten und über die Schüssel spannen. Den Teig für 60 Minuten an einem warmen Ort gehen lassen, bis sich das Volumen verdoppelt hat.

Backofen auf 200 °C Heißluft vorheizen. Auf den Boden des Ofens eine mit Wasser gefüllte Auflaufform stellen *(verhindert das Austrocknen der Brötchen)*.

Arbeitsfläche mehlieren und aus dem Teig eine gleichmäßige Rolle drehen. Mit der Teigkarte in 10 gleich große Stücke teilen. Aus den Stücken Kugeln formen, auf ein mit Backpapier ausgelegtes Blech legen und etwas flach drücken, damit gleichmäßige Laibchen entstehen.

Das übrige Ei mit etwas Wasser und Sesamöl verrühren. Die Brötchen damit bestreichen und mit Sesam oder anderen Kernen bestreuen.

Für 15–20 Minuten auf mittlerer Schiene goldbraun backen. Nach der Backzeit sofort vom Backblech nehmen und mit einem feuchten Tuch bedecken, bis sie zum Einsatz kommen.

40 ml Milch
1 TL Salz
1 EL Zucker
1/2 Würfel Hefe (ca. 25 g), frisch
60 g Butter
500 g Mehl, glatt
2 Eier
etwas Wasser
etwas Sesamöl

Mehl für die Arbeitsfläche

Zum Bestreuen: Sesam, Kürbiskerne, Sonnenblumenkerne, Mohn, Käse uvm.

30 MIN **2 PORTIONEN**

FALAFELBURGER
MIT COLESLAW

Dieser leckere Burger besticht durch ein würziges Falafelpatty anstelle des klassischen Fleischlaibchens. Eine leckere, farbenfrohe und fruchtige Alternative für alle, die gern auf Fleisch verzichten!

SCHNELLER COLESLAW
¼ Kohlkopf
Salz
2 EL Mayonnaise
(Rezept siehe Seite 151)
1 Schuss Essig
Pfeffer
1 Prise Zucker

FALAFELPATTIES
200 g Kichererbsen, gekocht
1 Frühlingszwiebel
1 Karotte
1 Handvoll Petersilie
1 Knoblauchzehe
Salz
40 g Kichererbsenmehl
(oder 30 g Vollkornmehl)
etwas Zitronensaft
1 Msp. Kreuzkümmel, gemahlen
1 Msp. Koriander, gemahlen
1 Msp. Chili, gemahlen
Pfeffer
Olivenöl

BURGER
2 Burgerbrötchen
(Rezept siehe Seite 79)
2 EL Mayonnaise
(Rezept siehe Seite 151)

ZUBEREITUNG

SCHNELLER COLESLAW Den Kohl waschen, den Strunk entfernen und möglichst feinnudelig schneiden. In eine Schüssel geben und mit Salz gut durchkneten. Mit Mayonnaise, Essig, Pfeffer und einer Prise Zucker vermengen und zum Ziehenlassen zur Seite stellen.

FALAFELPATTIES Die vorgekochten Kichererbsen gründlich abschwemmen und in einem hohen Gefäß mit einem Stabmixer pürieren.

Frühlingszwiebel waschen, der Längen nach halbieren und in feine Streifen schneiden. Karotte schälen und auf der Küchenraspel fein hobeln. Petersilie waschen und hacken. Knoblauch schälen, fein hacken, einsalzen und mit der flachen Messerseite zerdrücken.

Alle Zutaten für die Falafelpatties zu den pürierten Kichererbsen geben, mit Gewürzen, Salz und Pfeffer abschmecken und gut umrühren. Mit angefeuchteten Händen 2 Patties formen. Eine beschichtete Pfanne erhitzen, Boden mit reichlich Öl bedecken und die Patties bei nicht allzu hoher Temperatur auf beiden Seiten für ca. 4 Minuten goldbraun backen.

BURGERBROT Die Brötchen horizontal halbieren und jeweils die Schnittfläche mit ein wenig Olivenöl beträufeln. In der Pfanne kurz auf der Schnittfläche rösten *(für noch mehr Geschmacksaromen)*.

TO GO

Alle Brötchenhälften mit Mayonnaise bestreichen, die Falafelpatties auf die untere Brotchenhälfte setzen, üppig mit Coleslaw belegen und Deckel daraufsetzen. Die Burger in Papier wickeln oder in ein geeignetes to go-Geschirr packen.

15 MIN + 20 MIN BACKZEIT   **2 PORTIONEN**

WÜRZIGER GRILLGEMÜSEBURGER

Bei von Grillaromen durchzogenem Gemüse vergisst man schnell, dass dieser Burger vegetarisch ist. Perfekt dazu: der Geschmack frischer Kräuter.

ZUBEREITUNG

Den Backofen auf 180 °C Oberhitze vorheizen.

Zucchini und Aubergine waschen, Enden abschneiden und mit dem Allesschneider oder einem großen Messer der Länge nach in ca. 5 mm dünne Scheiben schneiden. Paprika waschen, halbieren, entkernen und von weißen Innenhäuten befreien. In breite Streifen schneiden. Tomate waschen und ebenfalls in Scheiben schneiden. Rucola waschen und putzen.

KRÄUTER-OLIVENÖL-MARINADE Knoblauch schälen, grob hacken und in einen Mörser geben. Kräuter zupfen, grob hacken und zum Knoblauch geben. Etwas Olivenöl, Zitronensaft sowie eine Prise Pfeffer hinzufügen und alles kräftig stoßen.

Ein Backblech mit Backpapier belegen, Auberginen-, Zucchini- und Paprikascheiben darauflegen und gut salzen. Das Blech für 10 Minuten in den Ofen auf die oberste Schiene geben. Dann das Blech herausnehmen und das Gemüse mit der Marinade bepinseln. Für weiter 10 Minuten im Ofen fertig backen, bis das Gemüse schön gebräunt ist.

BURGERBROT Die Brötchen horizontal halbieren und jeweils die Schnittfläche mit ein wenig Olivenöl beträufeln. In der Pfanne kurz auf der Schnittfläche rösten *(für noch mehr Geschmacksaromen)*.

TO GO

Alle Brötchenhälften mit der Paprika-Ziegenkäse-Creme bestreichen, das Grillgemüse auf die unteren Brötchenhälften geben, Tomatenscheiben darauflegen, Rucola daraufsetzen und zum Schluss die Deckel auflegen und sanft andrücken. Die Burger in Papier wickeln oder in ein geeignetes to go-Geschirr packen.

1 Zucchini
1 Aubergine
1 Paprika
1 Tomate
1 Handvoll Rucola
Salz

KRÄUTER-OLIVENÖL-MARINADE
2 Knoblauchzehen
1 Zweig Rosmarin
3 Zweige Thymian
Olivenöl
Saft von ½ Zitrone
Pfeffer

2 Burgerbrötchen
  (Rezept siehe Seite 79)
4 EL Paprika-Ziegenkäse-Creme
  (Rezept siehe Seite 144)

SALATWRAPS

Zugegeben, Salatwraps erfordern etwas Geschick, aber die Tatsache,
im Anschluss einen köstlichen kalorienarmen und glutenfreien Snack
genießen zu können, ist die Mühe allemal wert.

GRUNDZUTATEN
1 Salatgurke
große Salatblätter
   (z.B. Lollo rosso und Lollo verde)

ZUBEREITUNG

Gurke waschen, Enden abschneiden und mit einem Allesschneider, einer entsprechenden Raspel oder einem scharfen Messer der Länge nach in möglichst dünne Streifen schneiden *(um sie gut wickeln zu können)*.

Ein Blatt Lollo verde und ein Blatt Lollo rosso überlappend nebeneinander legen, sodass die gekräuselte Seite nach vorne schaut. Nun mittig mit der Füllung belegen *(nicht zu üppig, damit man die Blätter gut einrollen kann)*. Seite über die Füllung schlagen und straff einrollen. Den Wrap unten für besseren Halt mit einer Gurkenscheibe umwickeln.

Bei den Füllungen sind eurer Fantasie keine Grenzen gesetzt. Als Anregung
findet ihr hier zwei Vorschläge für besonders köstliche Kombinationen.

10 MIN · 4 STÜCK · BLITZGERICHT · GLUTENFREI

TOMATE-MOZZARELLA-WRAP
MIT GUACAMOLE

Grundzutaten +
2 Tomaten
250 g Mozzarella
8 EL Guacamole
  (Rezept siehe Seite 142)
Salz

ZUBEREITUNG

Tomaten waschen, mit einem Gemüsemesser keilförmig den Strunk ausschneiden und halbieren. Tomatenhälften und Mozzarella in etwa gleich
dicke Scheiben schneiden.

TO GO

In die Salatwraps abwechselnd Mozzarella und Tomaten schichten,
Guacamole darauf verteilen, salzen, straff einrollen, mit Gurkenscheibe
umwickeln und in ein geeignetes to go-Geschirr packen.

20 MIN · 4 STÜCK · BLITZGERICHT

BULGUR-WRAP
MIT ZIEGENKÄSE

ZUBEREITUNG

Bouillon bzw. Suppe oder Wasser in einem Topf aufkochen, Bulgur in
eine Schüssel geben und mit der heißen Flüssigkeit übergießen. Bulgur
zugedeckt 15 Minuten quellen lassen. Oliven klein hacken und mit der
Paprika-Ziegenkäse-Creme vermengen. Gegebenenfalls mit etwas Oli-
venwasser verdünnen.

TO GO

Die Salatwraps mit Bulgur und Creme füllen, straff einrollen, mit Gurkenscheibe umwickeln und in ein geeignetes to go-Geschirr packen.

Grundzutaten +
2 Tassen Gemüsebouillon
  (Rezept zum Selbermachen
  siehe Seite 19), Klassische
  Aromenpaste gelöst in
  Wasser (siehe Seite 22)
  oder nur Wasser
1 Tasse Bulgur
1 Handvoll Oliven,
  gefüllt mit Mandeln
5 EL Paprika-Ziegen-
  käse-Creme
  (Rezept siehe Seite 144)

ROLLSANDWICHES

Eingerolltes Brot? Wenn man darüber nachdenkt, dann ist es ebenso logisch wie einfach, sein Sandwich einzurollen, denn es hat den großen Vorteil, ähnlich wie beim Burrito, mehr von der leckeren Füllung auf weniger Brot zu bekommen! Ihr könnt natürlich auch ein Clubsandwich daraus machen, wenn ihr es lieber klassisch mögt.

KINDER-TIPP

Die gerollten Sandwiches kommen besonders bei Kindern gut an. Rollt die Sandwiches einfach mit ihrer liebsten Füllung ein. Ihr könnt sie auch ganz einfach mit gutem Schinken, Käse und dazu einem Gemüsestift einrollen. Vorsicht wegen des Zahnstochers.

20 MIN   4 STÜCK   BLITZGERICHT   FÜR KINDER

GRILLAUBERGINEN-ROLLSANDWICH

4 Scheiben Toastbrot, groß
1 Aubergine, klein
Salz
1 Tomate
1 Handvoll Basilikum
3 EL Mayonnaise
3 EL Feta

Zahnstocher zum Fixieren

ZUBEREITUNG

Den Backofen auf 200 °C Ober-/Unterhitze vorheizen.

Brot entrinden und mit einem Nudelholz dünn ausrollen. Aubergine in dünne Scheiben schneiden, ordentlich einsalzen und zwischen Küchenkrepp ausdrücken (so verlieren sie ihre Bitterstoffe). Aubergine auf ein mit Backpapier belegtes Backblech legen und für 15 Minuten im Backofen goldbraun backen.

Tomaten waschen und in Scheiben schneiden. Basilikum waschen, hacken und in einer Schüssel mit Mayonnaise und Feta vermischen.

TO GO

Die ausgerollten Brotscheiben auf die Arbeitsfläche legen, üppig mit Creme bestreichen und mit Grillaubergine und Tomatenscheiben belegen. Eng aufrollen und mit einem Zahnstocher fixieren. In ein geeignetes to go-Geschirr packen.

🕐 **10 MIN** 🍴 **4 STÜCK** ⚡ **BLITZGERICHT** ☺ **FÜR KINDER**

MINZ-GURKE-ROLLSANDWICH

ZUBEREITUNG

Brot entrinden und mit einem Nudelholz dünn ausrollen. Minze waschen, feinnudelig schneiden, mit der Mayonnaise in einer Schüssel vermengen und würzen. Gurke ungeschält in möglichst dünne Scheiben schneiden, einsalzen und austretendes Wasser abtupfen.

TO GO

Die ausgerollten Brotscheiben auf die Arbeitsfläche legen, mit Minzsauce bestreichen und mit Gurkenscheiben belegen. Eng aufrollen und mit einem Zahnstocher fixieren. In ein geeignetes to go-Geschirr packen.

4 Scheiben Vollkorn-
toastbrot, groß
1 Handvoll Minze
8 EL Mayonnaise
  (Rezept siehe Seite 151)
Salz, Pfeffer
½ Feldgurke

Zahnstocher zum
Fixieren

🕐 **20 MIN** 🍴 **4 STÜCK** ⚡ **BLITZGERICHT** ☺ **FÜR KINDER**

ERDÄPFELKAS-ROLLSANDWICH

ZUBEREITUNG

Brot entrinden und mit einem Nudelholz dünn ausrollen. Gurke waschen, längs halbieren, mit einem Teelöffel Kerne ausschaben und nochmal halbieren, sodass vier Stifte entstehen. Frühlingszwiebeln putzen und der Länge nach halbieren. Karotte schälen und ebenfalls in vier Stifte schneiden. Sellerie waschen, schälen und in Stifte schneiden. Salatblätter waschen und trocken tupfen.

TO GO

Die ausgerollten Brotscheiben auf die Arbeitsfläche legen und mit je 1 EL Aufstrich bestreichen, Salat darauflegen und mit je einem Gemüsestift jeder Gemüsesorte belegen. Eng aufrollen und mit einem Zahnstocher fixieren. In ein geeignetes to go-Geschirr packen.

4 Scheiben Vollkorn-
toastbrot, groß
½ Feldgurke
2 Frühlingszwiebeln
1 Karotte, groß
2 Stangen Stauden-
sellerie
4 Blätter Salat
5 EL „Erdäpfelkas" nach
Kärntner Art
(Rezept siehe Seite 142)

Zahnstocher zum
Fixieren

STRUDEL
& CO. → TO GO

FÜR PRAKTISCHE

Strudel, Aufläufe, pikante Torten, Quiches, Gratins usw. sind bekannt dafür, unkompliziert zu sein. Sie lassen sich allesamt spitzenmäßig vorbereiten, einpacken, mitnehmen und schmecken dazu kalt und warm. Also: Das ideale Mitbringsel für jede Einladung oder das perfekte to go-Gericht über mehrere Tage! Probiert dazu auch meine verschiedenen Dips (ab Seite 141)!

GUT ZU WISSEN

Wenn die Konsistenz des Gratins etwas fester werden soll, könnt ihr Speisestärke unter den Eierguss rühren.

15 MIN
+ 25 MIN
BACKZEIT

4 PORTIONEN

GEMÜSEGRATIN
MIT WÜRZIGEM BERGKÄSE

Das aus der guten französischen Küche stammende Kartoffelgratin zählt auch hierzulande zu einer der beliebtesten Kartoffelbeilagen. Ich habe allerdings nie verstanden, warum man sich bei diesem Klassiker ausschließlich auf Kartoffeln beschränkt. Mit diesem Rezept zeige ich euch, wie einfach ihr aus frischem, farbenfrohem Gemüse eine eigenständige Speise zaubern könnt. Der Bergkäse spielt dabei eine wesentliche Rolle, seine würzige Note macht diesen Gemüseauflauf zu einem Gedicht.

ZUBEREITUNG

Backofen auf 180 °C Heißluft vorheizen.

GRATIN Das gesamte Gemüse waschen und bis auf die Zucchini schälen. Gemüse nun in max. 5 mm dicke Scheiben schneiden oder reiben. Den Käse grob reiben.

Die Gemüsebouillon in einem mittelgroßen Topf zum Kochen bringen, etwas salzen und mit etwas Wasser verdünnen. Die Gemüsescheiben, bis auf die Zucchini, für rund 5 Minuten darin blanchieren, das Gemüse durch ein Sieb abgießen und die konzentrierte Brühe dabei auffangen *(Achtet darauf, dass ihr die Brühe nicht aus Versehen wegschüttet!)* und für spätere Zwecke aufheben.

Ein geeignetes ofenfestes to go-Geschirr mit Butter ausstreichen und mehlieren. Die Gemüsescheiben bunt, abwechselnd übereinander oder nebeneinander schichten.

EIERGUSS 100 ml der Brühe mit der Sahne, den Kräutern und Eiern glattrühren, mit Salz, Pfeffer und Muskat abschmecken.

Nun Eierguss über die Gemüsescheiben gießen und die Form vorsichtig auf die Arbeitsfläche klopfen, damit sich alles gut verteilt.

Üppig mit Käse bestreuen und für 25 Minuten im Backofen gratinieren.

TO GO

Gemüsegratin entweder im Ganzen in der Backform oder gestückelt in einem geeigneten to go-Behälter mitnehmen. Mit frischen Kräutern und Ajvar genießen.

GRATIN
150 g Kartoffeln
150 g Süßkartoffeln
150 g Topinambur
250 g Wurzelgemüse
1 Zucchini
100 g Bergkäse, würzig
300 ml Gemüsebouillon
  (Rezept siehe Seite 19),
  Klassische Aromenpaste gelöst in Wasser
  (siehe Seite 22) oder
  nur Wasser
Salz
etwas Butter, Mandelmehl oder Mehl für
die Form

EIERGUSS
180 ml Sahne
1 EL Bohnenkraut, frisch
  oder getrocknet
1 EL Majoran, frisch oder
  getrocknet
2 Eier
Salz, Pfeffer
1 Msp. Muskat

frische Kräuter nach
  Belieben
Evtl. Ajvar zum Dippen
  (Rezept siehe Seite 148)

20 MIN
+ 20 MIN
BACKZEIT

2 PORTIONEN

BLUMENKOHL-TOMATEN-CRUMBLE
MIT BLAUSCHIMMELKÄSETOPPING

Dieser pikante Löffelspaß ist nur entfernt an das amerikanische Original angelehnt. Die ungewöhnliche Mischung von Tomaten und Blumenkohl ist dabei ebenso einfach wie genial. Das Blaukäsetopping setzt sich so am Gemüse fest, dass jeder Bissen unwiderstehlicher Genuss ist.

1 Blumenkohl
Salz
400 g Kirschtomaten
½ Bund Petersilie
2 Schalotten
Saft von 1 Zitrone
100 ml Gemüsebouillon
(Rezept siehe Seite 19),
Klassische Aromen-
paste gelöst in Wasser
(siehe Seite 22) oder
nur Wasser
100 g Butter
200 g Mehl, glatt
150 g Gorgonzola

frische Kräuter nach
Belieben

ZUBEREITUNG

Den Backofen bei Ober-/Unterhitze auf 200 °C vorheizen.

Blumenkohl von den Blättern befreien, waschen und mithilfe eines Gemüsemessers in mittelgroße Röschen schneiden. In gesalzenem Wasser wenige Minuten bissfest kochen und kalt abschrecken.

Kirschtomaten und Petersilie waschen und letztere grob hacken. Schalotten schälen, halbieren und in Streifen schneiden. Röschen, Tomaten, Petersilie und Schalotten in ein geeignetes ofenfestes to go-Geschirr geben und mit Zitronensaft, Bouillon bzw. Suppe oder Wasser und etwas Salz marinieren.

Butter, Mehl und Gorgonzola in eine Schüssel geben, zu einem trockenen Teig verarbeiten und über das Gemüse krümeln.

Die Form für ca. 20 Minuten in den Backofen geben.

TO GO

Erkalteten Crumble mit Kräutern bestreuen und mit einem Deckel verschließen, mitnehmen und direkt aus dem Geschirr löffeln.

GUT ZU WISSEN

Wer keinen Blauschim-
melkäse mag, kann
stattdessen Feta beim
Topping verwenden.

Probiert statt
Blumenkohl ein anderes
Rosengemüse.

GUT ZU WISSEN

Aufgewärmt schmeckt der Crumble fast noch besser.

Probiert diesen Crumble mit den unterschiedlichsten Gemüsesorten.

20 MIN
+ 30 MIN
BACKZEIT

2 PORTIONEN

MEDITERRANER GEMÜSEAUFLAUF
MIT PARMESAN-DINKEL-TOPPING

Bei dieser Abwandlung meines englisch-amerikanischen Lieblingsgerichtes – dem Crumble –, welches vor allem in der süßen Küche bekannt ist, setze ich auf die geschmackliche Vielfalt von Gemüse. Die Brösel habe ich bei diesem Gericht durch den Einsatz von würzigem Käse, der sich im Ofen am Gemüse festbrät, aufgebessert. Das Schönste an der Zubereitung eines Crumbles ist, dass man ihn nach der Vorbereitung aller Zutaten mehr oder weniger wild in sein ofenfestes to go-Geschirr geben, mit den Bröseln bestreuen und dann den Ofen für sich arbeiten lassen kann.

ZUBEREITUNG

Den Backofen bei Ober-/Unterhitze auf 180 °C vorheizen und die Butter aus dem Kühlschrank nehmen, damit sie sich auf Zimmertemperatur aufwärmt.

Kräuter waschen und zupfen, Knoblauch schälen und gemeinsam mit den Kräutern fein hacken, etwas einsalzen und mit der flachen Messerseite zerdrücken. Schalotten schälen, halbieren und in grobe Streifen schneiden. Gemüse waschen und putzen. Zucchini und Aubergine von den Enden befreien und in 1 cm große Stücke schneiden. Die Auberginenwürfel in eine Schüssel geben und kräftig einsalzen, 10 Minuten ziehen lassen und dann mit den Händen ausdrücken *(um Bitterstoffe zu entfernen)*. Paprika halbieren, Gehäuse und weiße Innenhäute entfernen, nochmal halbieren und schräg in Streifen schneiden. Die Topinamburen schälen und in nussgroße Stücke schneiden.

Das Gemüse mit den ganzen Kirschtomaten, der Knoblauch-Kräuter-Mischung, etwas Olivenöl, Salz und Zitronensaft in einer ofenfesten Form gut vermengen. Das Gemüse für 10 Minuten im Ofen auf mittlerer Schiene backen.

Währenddessen für die Brösel die zimmerwarme Butter mit Feta, Dinkelmehl, Hartkäse sowie mit Salz gut verkneten.

Die Form nach 10 Minuten aus dem Ofen nehmen, mit der Bröselmasse bestreuen und für weitere 15–20 Minuten im Backofen fertig backen.

TO GO

Crumble etwas erkalten lassen. In ein passendes to go-Gefäß geben, mit Kräutern bestreuen, Fetawürfel dazugeben.

60 g Butter
1 EL Oregano
1 EL Thymian
1 Zweig Rosmarin
2 Knoblauchzehen
2 Schalotten
1 Zucchini
1 Aubergine
1 Paprika
4 Stück Topinambur
400 g Kirschtomaten
Olivenöl
Salz
Saft von 1 Zitrone
100 g Feta, zerbröselt
100 g Dinkelmehl
50 g Hartkäse, würzig
  und gerieben

Kräuter nach Belieben
Fetawürfel

15 MIN
+ 40 MIN
BACKZEIT

QUICHEFORM
Ø 26 CM

QUICHE MIT SPARGELDUETT
IN HOLLÄNDISCHER SAUCE

Dass das zarte Spargelgemüse zur üppigen Sauce hollandaise passt, ist kein Geheimnis und auch wenn die Sauce nicht gerade zu den Schlankmachern zählt, macht sie diese Quiche zu einem außergewöhnlichen Leckerbissen. Die nussige, braune Butter im Eierguss hebt den Eigengeschmack des Spargels hervor und die Säure der Orange rundet ihn ab. Die Kombination aus weißem und grünem Spargel macht diese pikante Torte dabei zu einer Augenweide.

HOLLÄNDISCHE SAUCE
4 EL Butter
300 g saure Sahne
2 Eier
3 Eigelb
1 Schuss Worcester-
  shiresauce
1 Schuss Hesperiden-
  Essig
Salz

SPARGELDUETT
400 g weißer Spargel
400 g grüner Spargel
Saft von ½ Zitrone
evtl. 1 Stück Weißbrot,
  altbacken
Salz, Zucker

1 Handvoll Kirsch-
  tomaten
1 Pkg. Mürbteig
Oregano nach Belieben

ZUBEREITUNG

HOLLÄNDISCHE SAUCE Topf mit Butter kurz erhitzen, bis sie sich hellbraun färbt *(wird auch braune Butter genannt)*. Alle Zutaten für die Holländische Sauce in einer Schüssel verrühren und braune Butter zugeben.

SPARGELDUETT Den weißen Spargel komplett und den grünen Spargel nur im unteren Drittel schälen und hölzerne Enden großzügig abschneiden. Einen Topf mit Wasser zum Kochen bringen und Zitronensaft, evtl. ein Stück Weißbrot und je eine Prise Salz und Zucker zugeben. Nun den weißen Spargel für 6 Minuten kochen und in den letzten 2 Minuten grünen Spargel dazugeben. Spargel abschrecken und der Länge nach halbieren.

Den Backofen auf 180 °C Heißluft vorheizen.

Tomaten waschen und halbieren. Den Teig in die Quicheform stülpen, fest an die Ränder drücken, mit einer Gabel ein paar Mal in den Boden stechen und für ca. 4 Minuten blind backen.

Nun den Spargel abwechselnd blumenartig in die Form legen und mit der Holländischen Sauce übergießen. Zuletzt die Tomatenhälften darauf verteilen. Für ca. 35–40 Minuten backen und idealerweise vor dem Anschneiden noch etwas rasten lassen.

TO GO

Die Quiche mit Oregano bestreuen und entweder im Ganzen in einer Tortenglocke oder geteilt in einem geeignetem to go-Geschirr transportieren. Warm oder kalt genießen!

GUT ZU WISSEN

Mischt Estragon und Kerbel unter die Hol-ländische Sauce, dann habt ihr auch schon eine köstliche Sauce béarnaise.

TO GO

Die Torte entweder im Ganzen in einer Tortenglocke oder geteilt in einem geeignetem to go-Geschirr transportieren.

GUT ZU WISSEN

Solltet ihr keine Rigatoni haben, könnt ihr auch auf andere Pastasorten wie Cannelloni oder Makkaroni zurückgreifen.

Probiert bei diesem Gericht Spinat anstelle des Blumenkohls.

**25 MIN
+ 40 MIN
BACKZEIT**

**TORTENFORM
CA. 26 CM**

RIGATONITORTE
MIT SCHARFEN ZIMTBRÖSELN

Pasta einmal anders. Dieses einfache und geniale Rezept macht mich gerade durch die unge-wöhnliche und doch harmonische Zusammenstellung seiner Zutaten stolz. Ähnlich wie beim klassisch eingemachten Blumenkohl setze ich bei diesem Guss auf Blumenkohl als leitgeben-den Geschmack. Zusätzlich verwende ich auch Zimt, den wir ja eher von Süßspeisen kennen. Gemeinsam mit dem knusprigen Grillkäse wird er hier zum scharfen Leckerbissen.

ZUBEREITUNG

Wasser in einem mittelgroßen Topf zum Kochen bringen, reichlich salzen und die Pasta nach Packungsanweisung kochen. 5 Minuten vor Ende der Garzeit die noch harte Pasta in ein Sieb gießen und kalt abschrecken.

Backofen auf 200 °C Ober-/Unterhitze vorheizen.

BLUMENKOHLGUSS Blumenkohl von den Blättern befreien, waschen und ca. 3 Handvoll kleine Röschen mit einem Gemüsemesser abschneiden und beiseitelegen. Den restlichen Blumenkohl grob zusammenschneiden.

Lauch der Länge nach halbieren, waschen und in feine Streifen schneiden. Petersilie waschen und grob hacken.

Den Topf wieder erhitzen, Butter und einen Schuss Olivenöl hineingeben und den gehackten Blumenkohl *(Achtung, nicht die Röschen!)* darin für gut 5 Minuten unter Rühren anbraten. Mit Mehl bestäuben, umrühren und mit Bouillon, Suppe oder Wasser ablöschen. Den Blumenkohl ca. 10 Minuten dünsten, Sahne zugeben und dann alles mit einem Stab-mixer pürieren. Nun die kleinen Röschen, Lauch und Petersilie zugeben und mit Salz und Pfeffer abschmecken. Auskühlen lassen und dann Eier in die ausgekühlte Blumenkohlmasse einrühren.

KÄSE-ZIMT-BRÖSEL Grillkäse fein hacken und in einer Schüssel mit Butter, Brösel, Zimt, Chili und gestoßenem Szechuanpfeffer verkneten.

Eine Tortenform *(ca. 26 cm)* gründlich mit Butter ausfetten und mit Bröseln benetzen. Die Tortenform vertikal mit der Pasta füllen. Blumen-kohlsauce über die Pasta gießen und die Form mehrmals vorsichtig auf die Arbeitsfläche klopfen, damit sich die Sauce gut verteilen kann. Nun Käse-Zimt-Brösel über die Torte geben und die Torte für 30–40 Minuten im Backofen auf mittlerer Schiene backen.

Salz
300 g Rigatoni oder
  andere Röhrennudeln

BLUMENKOHLGUSS
1 Blumenkohl, klein
1 Stange Lauch
1 Handvoll Petersilie
1 EL Butter
Olivenöl
2 EL Mehl, glatt
400 ml Gemüsebouillon
  (Rezept siehe Seite 19),
  Mediterrane Aromen-
  paste gelöst in Wasser
  (siehe Seite 22) oder
  nur Wasser
150 ml Sahne
Pfeffer
3 Eier

KÄSE-ZIMT-BRÖSEL
1 Pkg. Halloumi oder
  anderer Grillkäse
2 EL Butter
5 EL Brösel
1 EL Zimt, gemahlen
1 TL Chili, gemahlen
1 EL Szechuanpfeffer
  oder Schwarzer
  Pfeffer

Butter und Brösel für
  die Form

15 MIN
+ 25 MIN
BACKZEIT

1 STRUDEL

FÜR KINDER

SAMOSA-KÜRBIS-STRUDEL

Die Idee Indiens beliebtestes Fingerfood in einen Strudel zu packen, kam mir eines Tages in der Arbeit, als wir noch übrige Samosa-Füllung hatten. Die Idee Kürbis statt Kartoffeln für die Füllung zu verwenden, macht das Rezept unverkennbar. Der Kürbis harmoniert, wie wir es von diversen Suppengerichten her kennen, nahezu perfekt mit fernöstlichen Aromaten. Der Löffelkäse mit Kräutern erfrischt und neutralisiert die leichte Schärfe.

500 g Butternusskürbis
Salz
150 g Erbsen
1 Stück Ingwer (3 cm)
1 Handvoll Minze
100 g Käseersatz oder
  Ziegenfrischkäse
3 EL Kokosfett
1 TL Fenchelsamen,
  gemahlen
2 EL Curry, mild
1 Msp. Cayennepfeffer
Pfeffer
3 Eier
1 Pkg. Blätterteig

Zum Bestreuen: etwas
  schwarzer Sesam

KINDER-TIPP

Strudel sind ein praktisches Gericht für Kinder, denn sie lassen sich – ob kalt oder warm –gut mit den Händen essen.

ZUBEREITUNG

Den Backofen auf 180 °C Heißluft vorheizen.

Kürbis schälen, grob schneiden und in reichlich Salzwasser kochen, bis er von selbst auseinanderfällt. Erbsen kurz in einem Sieb im kochenden Wasser vom Kürbis blanchieren und kalt abschrecken.

Ingwer schälen, Minze waschen und gemeinsam mit einem großen Messer hacken.

Den warmen Kürbis mit einem Kartoffelstampfer zerdrücken, mit den anderen Zutaten, außer einem Ei und dem Blätterteig, mischen und mit den Gewürzen abschmecken.

Das übrige Ei in einer Schüssel verquirlen. Blätterteig auf einem sauberen Geschirrtuch ausbreiten und die Ränder sowie das obere Drittel mit Ei bestreichen. Die Masse auf dem unteren Drittel des Teiges ausbreiten und dabei ca. 3 cm zu den Rändern hin freilassen, Ränder einschlagen und mithilfe des Geschirrtuches den Strudel straff einrollen. Den Strudel mit der Nahtstelle nach unten auf ein mit Backpapier ausgelegtes Blech legen und mit dem restlichen Ei bestreichen und mit schwarzem Sesam bestreuen.

Für 25 Minuten auf mittlerer Schiene backen.

TO GO

Den Strudel im Ganzen oder portioniert in einem geeignetem to go-Geschirr mitnehmen. Warm oder kalt genießen!

GUT ZU WISSEN

Verwendet bei diesem Rezept eine aromatische indische Currymischung.

Probiert das Gericht mit Süßkartoffeln anstelle des Kürbisses.

Mein Dip-Tipp: Cottage-Kräuter-Dip *(Rezept siehe Seite 142)*

GEMÜSE ONLY S. 102

GEMÜSE MIT GETREIDE S. 122

HAUPT GERICHTE
→ TO GO

FÜR GENUSSSPECHTE

In diesem Kapitel habe ich euch eine Vielzahl leckerer und neu-artiger Hauptgerichte entsprechend dem Schwerpunkt Gemüse zusammengestellt. Bei der Zusammenstellung der Gerichte habe ich mich darauf konzentriert, runde, vollständige Mahlzeiten zu kreieren, die satt machen, ohne euch in das nachmittägliche Tief zu befördern. Dazu sind die Gerichte teilweise vegan und/oder gluten-frei und dementsprechend gekennzeichnet. Und weil es manchmal schnell gehen muss, sind auch ein paar Blitzgerichte darunter.

Für eine bestmögliche Übersicht habe ich die Rezepte in „Gemüse only" und „Gemüse mit Getreide" gegliedert.

GEMÜSE
—ONLY—

**15 MIN
+ 30 MIN
BACKZEIT**   **4 PORTIONEN**   **GLUTENFREI**

EI IM BABYKÜRBIS
MIT KÜRBISKERNPESTO

Ei im Kürbis ist so simpel wie lecker. Das cremige Eigelb harmoniert erstklassig mit dem nussigen Aroma des reifen Kürbisfleisches. Die Schale des Kürbisses lässt sich bei diesem Gericht nicht nur mitessen, sie beschert uns mit ihrem leicht knackigen Biss auch ein besonderes Mundgefühl. Das Pesto, bestehend aus Kürbiskernen und Kürbiskernöl, vollendet dieses Gericht im Geschmack.

ZUBEREITUNG

Backofen auf 180 °C Heißluft vorheizen.

Kürbis gründlich waschen und eventuell bürsten. Enden auf beiden Seiten abschneiden, aufstellen und halbieren, sodass sich aus den Hälften zwei Schalen ergeben. Mithilfe eines Esslöffels Kerne sorgfältig ausschaben. Die Kürbishälften mit der Schale nach unten auf ein mit Backpapier ausgelegtes Blech setzen. Olivenöl, Saft der halben Zitrone, Salz und Pfeffer in einer Schüssel verrühren und Kürbisschalen damit marinieren.

Für 10 Minuten im Ofen auf mittlerer Schiene backen. Herausnehmen, in die Schalen vorsichtig je ein Ei hineinschlagen, das Ei ebenfalls salzen und pfeffern und erneut für 15–20 Minuten im Ofen fertig backen.

Währenddessen das Pesto mit dem Saft der anderen Zitronenhälfte säuern. Den Salat waschen und trocknen. Petersilie ebenfalls waschen, zupfen und grob hacken.

TO GO

In ein geeignetes to go-Geschirr den Salat geben und Kürbis daraufsetzen, Petersilie darüberstreuen, mit dem Pesto überziehen oder das Pesto separat in einem kleinen to go-Geschirr transportieren.

1 Hokkaido-Babykürbis, reif (oder ein anderer Babykürbis mit zum Verzehr geeigneter Schale)
Olivenöl
Saft von 1 Zitrone
Salz, Pfeffer
2 Eier, groß
6 EL Steirisches Kürbiskernpesto (Rezept siehe Seite 146)
4 Handvoll Salatmischung
1 Handvoll Petersilie

GUT ZU WISSEN

Ihr könnt den Kürbis am Vorabend bereits vormarinieren, vorbacken und kühl stellen, damit es in der Früh schnell geht.

Probiert dieses Gericht mit Avocado statt Kürbis!

30 MIN + 20 MIN BACKZEIT 1 TORTILLA GLUTENFREI

GEMÜSE-TORTILLA
MIT BUNTEN BLÜTEN

Kein Spanienbesuch ohne die berühmte Tortilla de patatas! Sie steht nicht nur auf jeder Speisekarte, sondern füllt auch die Kühltheken spanischer Supermärkte. Die spanische Kartoffeltorte unterscheidet sich von unserem Omelett vorwiegend in der Zubereitungsart. Die Kartoffeln werden zuerst gegart und kommen dann zum rohen Ei und nicht umgekehrt. Bei dieser Variante, die mir tatsächlich ein spanischer Koch zeigte, kommt anstelle der Kartoffeln frisches Gemüse zum Einsatz – eine spannende Neuentdeckung des Klassikers.

1 rote Paprika
2 Tomaten
200 g Kürbis, reif
1 rote Zwiebel
1 Zucchini, klein
Olivenöl
Salz
50 g Parmesan
1 Handvoll Speiseblüten
6 Eier
1 Msp. Cayennepfeffer
Pfeffer
Speiseblüten und
    Kräuter nach Belieben

TO GO

Die Torte ist auch kalt köstlich und lässt sich einfach in einem geeigneten to go-Geschirr transportieren. Ihr könnt die Form auch kurz vor dem Genießen im Ofen, im Wasserbad oder in der Mikrowelle erwärmen. Probiert auch ein Pesto (ab Seite 146) dazu!

ZUBEREITUNG

Den Backofen auf 200 °C Ober-/Unterhitze vorheizen.

Paprika halbieren und vom Gehäuse sowie von den weißen Innenhäuten befreien. Ein Backblech mit Backpapier auslegen, die Paprikahälften mit der Hautseite nach oben nebeneinander auflegen und im Ofen rösten, bis die Haut blasen wirft. Paprika nun häuten, in Streifen und dann grob in Würfel schneiden.

Währenddessen Tomaten waschen, Strunk mit einem Gemüsemesser entfernen und halbieren, mit einem Teelöffel entkernen und würfeln.

Kürbis schälen, entkernen, in walnussgroße Stücke und dann in ca. 3 mm dicke Scheiben schneiden. Zwiebel schälen, halbieren und in feine Streifen schneiden. Zucchini waschen, Enden abschneiden und ebenfalls in ca. 3 mm dicke Scheiben schneiden.

Eine große beschichtete Pfanne erhitzen und Boden mit reichlich Olivenöl bedecken. Kürbis, Zwiebel und Zucchini für gute 5 Minuten bei mittlerer Temperatur unter Wenden braten und salzen.

Parmesan fein reiben und Blütenblätter feinnudelig schneiden. Eier in einer großen Schüssel verquirlen, nun Tomaten- sowie Paprikawürfel, Parmesan, Blüten, erkaltetes Gemüse und Gewürze zugeben.

In die gleiche Pfanne erneut Olivenöl geben und die gesamte Masse bei hoher Temperatur kurz zum Stocken bringen.

Den Backofen auf 180 °C Heißluft umstellen und die Tortilla in der Pfanne für 15–20 Minuten fertig backen. Stürzen und erkalten lassen. Mit frischen Blüten und Kräutern bestreuen.

GUT ZU WISSEN

Probiert das Rezept mit Süßkartoffeln oder Topinambur anstelle des Gemüses aus.

Speiseblüten sind das ganze Jahr über auch getrocknet erhältlich. Wenn ihr gerade keine habt, könnt ihr sie durch Kräuter ersetzen.

10 MIN
+ 10 MIN
BACKZEIT   2 PORTIONEN   BLITZGERICHT   GLUTENFREI

GRATINIERTE OFENTOMATEN

Tomaten mit Basilikum und Mozzarella anders gedacht! Das Aroma des populären Basilikumpestos durchzieht gemeinsam mit dem Geschmack des Büffelmozzarellas das Fruchtfleisch der Tomaten und macht damit jeden Bissen zu einem Gedicht.

ZUBEREITUNG

Backofen auf 200 °C Ober-/Unterhitze vorheizen.

Tomaten waschen, halbieren, Strunk mithilfe eines Gemüsemessers ausschneiden, dann mit einem Teelöffel entkernen. Büffelmozzarella in 10 gleich große Stücke teilen.

Tomatenhälften mit der Mulde nach oben in feuerfeste to go-Gefäße legen. Kräftig salzen, je Hälfte 1 EL Pesto und ein Stück Büffelmozzarella in die Tomaten geben.

10 Minuten auf oberer Schiene im Ofen gratinieren, bis der Mozzarella geschmolzen ist.

TO GO

To go-Geschirr mit Salat auskleiden, Tomate hineinsetzen und mit ein wenig Pesto garnieren. Kalt oder warm genießen.

5 Tomaten, sehr reif
200 g Büffelmozzarella
Salz
10 EL Pesto alla
genovese
(Rezept siehe Seite 146)
2 Handvoll Salat-
mischung, gewaschen

GUT ZU WISSEN

Solltet ihr einen Backofen vor Ort zur Verfügung haben, dann bereitet die Tomaten so vor, dass ihr die Form nur mehr in den Ofen stellen müsst.

Probiert dieses Gericht mit den unterschiedlichsten Tomatensorten! Auch ausgehöhlte Gurken oder Zucchini eignen sich hervorragend.

60 MIN   4 PORTIONEN

CHILI CON VERDURAS
MIT KICHERERBSEN

Chili con carne ist der aus dem Süden der USA stammende Partyklassiker, der jedem schmeckt. Diese Variante des Klassikers ist als vegetarischer Superfoodeintopf kreiert. Dabei saugen sich das Gemüse und die Kichererbsen mit den wundervollen Aromen der Tomaten, Kräuter und Gewürze voll und geben den Geschmack bei jedem Bissen gebündelt wieder. Wie das Original ist auch diese Variante bestens zum Wiedererwärmen geeignet.

1 Mango
3 Süßkartoffeln (300 g)
1 Kürbis (ca. 300 g)
2 Zwiebeln
2 Knoblauchzehen
2 rote Chilischoten
300 g Seitan
200 g Kichererbsen,
  gekocht
Olivenöl
1 EL Butter
2 TL brauner Zucker
3 EL Tomatenmark
600 ml Tomaten,
  geschält
400 ml Gemüsebouillon
  (Rezept siehe Seite 19),
  Klassische Aromen
  paste gelöst in Wasser
  (siehe Seite 22) oder
  nur Wasser
Salz
2 rote Paprika
2 EL Maisstärke
2 EL Thymian
2 EL Petersilie
100 g Erbsen
100 g Mais, gekocht
1 TL Cayennepfeffer

ZUBEREITUNG

Mango, Süßkartoffeln und Kürbis schälen und in etwa gleich große Würfel schneiden. Zwiebeln und Knoblauch ebenfalls schälen, Zwiebeln feinwürfelig schneiden und Knoblauch halbieren und dann sehr feinblättrig schneiden. Chilischoten der Länge nach halbieren, mithilfe eines Messers ausschaben und fein hacken *(Hände danach gründlich waschen!)*. Seitan fein schneiden. Kichererbsen gut abschwemmen.

Einen großen Topf erhitzen und Öl und Butter zugeben. Zwiebeln darin anschwitzen, bis sie Farbe nehmen. Süßkartoffeln, Kürbis, Kichererbsen und Seitan kurz mitrösten. Chili, Zucker und Knoblauch unterrühren. Tomatenmark zugeben und mit geschälten Tomaten und Bouillon bzw. Suppe oder Wasser aufgießen, salzen und für 30–40 Minuten bei mittlerer Hitze köcheln lassen.

Paprika waschen, halbieren, vom Gehäuse und den weißen Innenhäuten befreien und in grobe Stücke schneiden. In einem hohen Gefäß mit etwas Wasser und Salz mit einem Stabmixer pürieren und anschließend den Saft durch ein feines Sieb in eine Schüssel gießen. Den Saft mit Maisstärke glattrühren und in das Chili rühren. Kräuter waschen, zupfen und grob hacken.

10 Minuten vor Ende der Kochzeit Mango, Erbsen, Mais, Cayennepfeffer sowie Kräuter zugeben. Gegebenenfalls nochmals abschmecken.

TO GO

Das ausgekühlte Chili in ein geeignetes to go-Geschirr füllen. Warm oder kalt zu einem Stück Brot genießen. Probiert es auch mit 1 EL saurer Sahne – besonders wenn es euch zu scharf geworden ist.

GUT ZU WISSEN

Um Zeit zu sparen, greife ich bei diesem Rezept zu vorgekochten Kichererbsen. Wenn ihr getrocknete Kichererbsen verwenden wollt, weicht diese 12 Stunden ein und kocht sie für ca. 60–90 Minuten in ungesalzenem Wasser, bis sie weich sind.

GUT ZU WISSEN

Genießt die Cannelloni mit frischem Weißbrot.

Probiert statt Aubergine großgewachsene Zucchini in grün und gelb – das sorgt für mehr Farbe.

25 MIN + 30 MIN BACKZEIT   **2 PORTIONEN**   **GLUTENFREI**

GEGRILLTE AUBERGINEN-CANNELLONI
IN TOMATENSAUCE

Ein italienischer Klassiker neu interpretiert. Statt auf schweren Pastateig setze ich bei diesem Gericht auf durch Röst- sowie Knoblaucharomen durchzogene, gegrillte Auberginenscheiben. Gefüllt mit einer aromatischen Frischkäse-Kräuter-Mischung, welche auch kalt köstlich schmeckt.

ZUBEREITUNG

Den Backofen bei Ober-/Unterhitze auf 180 °C vorheizen *(Grillfunktion dazuschalten, wer hat)*.

Auberginen der Länge nach in ca. 5 mm dünne Scheiben schneiden. Küchenkrepp auf die Arbeitsfläche legen, Auberginenscheiben beidseitig einsalzen und auf dem Krepp verteilen, eine zweite Lage Krepp darauflegen. Nach 10 Minuten die Auberginen zwischen dem Küchenkrepp mithilfe der Handballen kräftig ausdrücken *(um der Frucht die Bitterstoffe zu entziehen)*.

Knoblauch schälen, grob hacken und in einem Mörser mit Olivenöl zu einem Püree stoßen.

Ein Backblech mit Backpapier auslegen, die Auberginenscheiben darauf verteilen und mit der Olivenöl-Knoblauch-Mischung bestreichen. Für 20 Minuten im Backofen goldbraun grillen.

Für die Füllung Basilikum waschen, trocken tupfen und feinnudelig schneiden. Oliven entsteinen und grob hacken. Ziegenkäse, Mandeln, Basilikum, Oliven, Limettensaft und ein Schuss Olivenöl miteinander vermengen. Mit Salz und Pfeffer abschmecken.

Die Auberginenscheiben auf der sauberen Arbeitsfläche auslegen. Im unteren Drittel mit der Füllung belegen und mithilfe der Finger straff zu Cannelloni einrollen.

Tomatensauce in ein geeignetes ofenfestes to go-Geschirr füllen, Auberginen-Cannelloni nebeneinander hineinschichten. Mozzarella in Stücke reißen und darauf verteilen. Kirschtomaten waschen und dazulegen. Für 10 Minuten auf der oberen Schiene fertig backen.

2 Auberginen, groß
Salz
2 Knoblauchzehen
Olivenöl
1 Handvoll Basilikum
50 g schwarze Oliven
300 g Ziegenkäse, schnittfest
2 EL Mandeln, gerieben
Saft von 1 Limette
Pfeffer
400 g Tomatensauce (Rezept siehe Seite 149) oder Tomaten, gewürfelt aus der Dose
125 g Büffelmozzarella
Kirschtomaten nach Belieben

TO GO

Verwendet bereits beim Gratinieren ein ofenfestes to go-Geschirr, für das ihr einen passenden Deckel habt, so braucht ihr die Auberginen-Cannelloni nur ein wenig auskühlen lassen, Deckel daraufgeben und schon könnt ihr sie mitnehmen. Die pastafreien Nudeln lassen sich kalt und warm genießen.

20 MIN   2 PORTIONEN   BLITZGERICHT   GLUTENFREI   VEGAN

LOW CARB-
BLITZPASTA

Endlich gibt es für ernährungsbewusste Pasta-Liebhaber eine kalorienarme und komplett glutenfreie Alternative zu den klassischen Nudeln aus Weizenmehl. Shirataki-Nudeln werden aus dem Mehl der Konjakwurzel hergestellt, welche ein basisches Lebensmittel ist. Der einzige Nachteil der Nudeln ist, dass sie einen schwachen Eigengeschmack haben und daher eine geschmacksintensive Sauce brauchen. Aber mit unserer selbstgemachten Aromenpaste ist das kein Problem.

150 g Gelbe Rüben oder Karotten
1 Zucchini
1 Stange Lauch
1 Zitrone, unbehandelt
300 g Shirataki-Nudeln
Sesamöl
400 ml Kokosmilch
1 Msp. Safran
2 EL Asiatische Aromenpaste (Rezept siehe Seite 22) oder Salz und Pfeffer
1 EL Maisstärke
1 EL schwarzer Sesam

ZUBEREITUNG

Rüben oder Karotten waschen, schälen und von den Enden befreien. Zucchini ebenfalls waschen und Enden abschneiden. Beide Gemüse mit einem geeigneten Gerät spiralisieren oder mit dem Sparschäler in Streifen ziehen oder mit dem Messer der Länge nach feinnudelig schneiden. Lauch der Längen nach halbieren, waschen und wiederum der Länge nach in feine Streifen schneiden. Zitronenschale abreiben.

Die Shirataki-Nudeln in einem Sieb gründlich mit Wasser abspülen.

Einen mittelgroßen Topf erhitzen und Boden mit Öl bedecken. Lauch und Rüben darin für rund 4 Minuten anschwitzen, Zucchini in der letzten Minute mitrösten. Mit Kokosmilch aufgießen. Safran, Zitronenabrieb und ein wenig Zitronensaft zugeben. Die Asiatische Aromenpaste einrühren oder mit Salz und Pfeffer abschmecken. Maisstärke mit etwas Wasser in einer Schüssel glattrühren und in den Topf geben. Nun den Topf vom Herd nehmen und die abgetropfte Pasta unterrühren. Mit schwarzem Sesam bestreuen.

TO GO

In ein geeignetes to go-Geschirr füllen und mitnehmen. Das Gericht lässt sich natürlich auch kalt essen, aber ich empfehle euch, es aufzuwärmen.

GUT ZU WISSEN

Verwendet Shirataki-Nudeln bei all euren liebsten Pastagerichten, achtet allerdings darauf, dass die Sauce genug Eigengeschmack mitbringt.

Wenn ihr keine Shirataki-Nudeln habt, könnt ihr alternativ auch Reisnudeln verwenden.

20 MIN   **2 PORTIONEN**   **BLITZGERICHT**   **GLUTENFREI**

LOW CARB-BLÜTENREIS
MIT FETA + PISTAZIEN

Ein unglaublich smartes Gericht für Gemüseliebhaber, die nicht nur gesund essen, sondern auch auf ihre Linie achten wollen. Ein Reisgericht ohne Reis klingt paradox, ist aber ein gesunder Alleskönner, der auch sättigend wirkt. Durch das vielfarbige Gemüse wird das Gericht zu einem unglaublich farbenfrohen Leckerbissen. Die Verwendung der heimischen Bocksdorn-Beeren (Goji-Beeren) sowie Pistazien macht die Speise nicht nur schmackhaft, sondern auch zu einem wahren Brainfood.

ZUBEREITUNG

Für den Gemüsereis den Blumenkohl von den Blättern befreien, waschen und mit einem Gemüsemesser in Rosen schneiden. Die Rosen mit einem Küchenmesser zu einem feinen Reis hacken. Brokkoli waschen und mit einem Gemüsemesser die obersten Knospen abschneiden, sodass diese in ihre Einzelteile zerfallen. *(Gemüseabschnitte z.B. für eine Bouillon, ein Püree aufheben)*. Pistazien schälen und grob hacken.

Eine beschichtete Pfanne erhitzen, Boden mit Olivenöl bedecken und den bunten Gemüsereis darin für ca. 4 Minuten unter Schwenken rösten. Mit dem Zitronensaft ablöschen und mit Bouillon bzw. Suppe oder Wasser aufgießen. Mit Salz, Pfeffer und Muskat würzen. Bei mittlerer Temperatur köcheln lassen, bis die Flüssigkeit reduziert ist.

Pistazien, Goji-Beeren und etwas Olivenöl dazugeben und nochmals schwenken. Pfanne von der Flamme nehmen und erkalten lassen. Nun den Feta über den kalten Gemüsereis bröseln.

TO GO

Der Reis lässt sich einfach in einem geeigneten to go-Geschirr mitnehmen und kalt genießen. Wer möchte, kann den Reis auch aufwärmen.

½ weißer Blumenkohl
½ violetter Blumenkohl
½ Brokkoli
100 g Pistazien
Olivenöl
Saft von ½ Zitrone
100 ml Gemüsebouillon
(Rezept siehe Seite 19),
Klassische Aromen
paste gelöst in Wasser
(siehe Seite 22) oder
nur Wasser
Salz, Pfeffer
1 Msp. Muskat
4 EL Goji-Beeren
200 g Feta

GUT ZU WISSEN

Der Reis funktioniert auch mit anderem Gemüse wie z.B. fein gehacktem Wurzelgemüse.

Mein Dip-Tipp: Cottage-Kräuter-Dip (Rezept siehe Seite 142)

60 MIN   4 PORTIONEN   GLUTENFREI

RAUCHGULASCH „8 SCHÄTZE"

Eine „geschmackliche Wundertüte" zeige ich euch mit meiner modernen, vegetarischen Variante eines Gulaschs. Aufgrund der Verwendung verschiedener alternativer Zutaten zum üblichen Rindfleisch habe ich das Gericht nach dem bekannten Klassiker der Chinesischen Küche „8 Schätze" getauft. Der kochfeste asiatische Trockenkäse, die Kartoffeln sowie der Tofu sorgen für ausreichend Proteine. Geräuchertes Paprikapulver und Rauchsalz verleihen dem Gulasch das gewisse Etwas.

2 Zwiebeln, groß
2 Knoblauchzehen
150 g Panir oder anderer
  kochfester Trockenkäse
150 g Räuchertofu
150 g Hokkaido-Kürbis
150 g Kartoffeln, mehlig
150 g Süßkartoffeln
pflanzliches Öl
5 EL Paprikapulver,
  geräuchert
1 EL Tomatenmark
1 Schuss Rotwein
1 l Gemüsebouillon (Rezept
  siehe Seite 19), Klassische
  Aromenpaste gelöst in
  Wasser (siehe Seite 22)
  oder nur Wasser
2 TL Kümmel, ganz
2 Lorbeerblätter
2 EL Majoran, getrocknet
1 Prise Rauchsalz
2 EL Bohnenkraut
2 EL Sojacreme
2 EL Maisstärke
Pfeffer
frische Kräuter nach
  Belieben

ZUBEREITUNG

Zwiebeln schälen, halbieren und in feine Streifen schneiden. Knoblauch ebenfalls schälen und grob hacken. Panir und Tofu in etwa gleich große, mundgerechte Würfel schneiden. Kürbis, Kartoffeln und Süßkartoffeln schälen und in gleich große Stücke wie Tofu und Panir schneiden.

Einen großen Topf erhitzen, Boden mit reichlich Öl bedecken und die Zwiebeln darin unter ständigem Rühren rösten. Erst wenn sie gleichmäßig goldbraun sind, Paprikapulver und Tomatenmark zugeben und kurz mitbraten *(Paprika wird bei zu langem Rösten bitter)*. Mit Rotwein ablöschen und Knoblauch zugeben. Warten, bis der Rotwein reduziert ist, dann nochmals kurz rösten. Den dunklen Lack nun mit Bouillon bzw. Suppe oder Wasser aufgießen. Wenn der Aufguss aufkocht, gut 10 Minuten bei mittlerer Temperatur köcheln lassen. Den Ansatz mit dem Stabmixer im Topf pürieren.

Jetzt Kümmel, Lorbeerblätter, Majoran, Rauchsalz, Bohnenkraut und Kürbis, Süßkartoffeln und Kartoffeln dazugeben. Nach ca. 15 Minuten Panir und Tofu untermengen.

Sojacreme mit etwas Wasser und Maisstärke in einer Schüssel glattrühren und mithilfe eines Schneebesens in das kochende Gulasch rühren. Gegebenenfalls nochmals abschmecken und nach weiteren 10 Kochminuten von der Hitze nehmen.

TO GO

Gulasch liebt es, aufgewärmt zu werden, auch mehrmals. Füllt das Gulasch in ein hitzefestes Glasgeschirr mit Deckel. Ihr könnt das Gulasch so ohne viel Aufwand im Wasserbad, in der Mikrowelle oder im Ofen erwärmen. Vor dem Verzehr mit Kräutern dekorieren.

GUT ZU WISSEN

Genießt euer Gulasch mit einer Haube aus saurer Sahne.

GUT ZU WISSEN

„Stir frying" ist eine schnelle und einfache Zubereitungsweise für alle Gemüsesorten. Tobt euch aus!

Als Beilage eignet sich besonders der klassische Basmati-Reis, aber auch jedes andere Getreide.

30 MIN   2 PORTIONEN

ROSENGEMÜSE „STIR FRY"
MIT SEITAN

„Stir fry" beschreibt eine Zubereitungsart, welche ursprünglich aus China kommt und bald in weiteren Regionen des asiatischen Raumes zunehmend an Bedeutung gewonnen hat. Sie steht im Grunde für schnelles Braten bei hoher Temperatur, also idealerweise im Wok. Gerade mit Restchen lässt sich mit dieser Zubereitungsmethode schnell etwas Köstliches zaubern. Dazu passt hervorragend Jasmin-Reis. Hier meine liebste Variante!

ZUBEREITUNG

Das Rosengemüse *(Romanesco, Brokkoli, Blumenkohl)* waschen und mit einem Gemüsemesser in kleine Röschen teilen. Chilischote der Länge nach halbieren und Kerne und Innenhäute ausschaben. Knoblauch sowie Ingwer schälen und gemeinsam mit der Chilischote fein hacken. Die Frühlingszwiebeln waschen und schräg in nicht zu dünne Ringe schneiden. Seitan in dünne Streifen schneiden. Kräuter waschen und grob hacken.

Alle Saucen mit Orangensaft und Maisstärke in einer Schüssel glattrühren.

Wok oder eine große Pfanne heiß werden lassen, Boden mit Öl bedecken und zuerst Seitan und Zwiebeln darin für ca. 3 Minuten unter Rühren braten. Dann wieder aus dem Wok nehmen.

Erneut etwas Öl in den heißen Wok geben und das gesamte Rosengemüse darin braten, bis stellenweise eine braune Röstung zu sehen ist. Jetzt die Knoblauch-Ingwer-Chili-Mischung zugeben und für ca. 1 Minute mitrösten.

Das Gemüse mit der Saucenmischung übergießen und gut umrühren, bis die Maisstärke bindet. Seitan und Zwiebeln dazugeben. Eventuell etwas Wasser nachgießen und kurz köcheln lassen, bis das Gemüse bissfest ist. Zuletzt die Kräuter sowie den Sesam untermengen.

TO GO

Das „stir fry"-Gemüse in ein geeignetes to go-Geschirr füllen und später kalt oder aufgewärmt genießen.

150 g Romanesco
150 g Brokkoli
150 g Blumenkohl
1 Chilischote, frisch
1 Knoblauchzehe
1 Stück Ingwer (3 cm)
2 Frühlingszwiebeln
250 g Seitan
1 Handvoll Koriander oder Petersilie
2 EL Teriyaki Sauce oder dunkle Sojasauce
2 EL Sweet Chilisauce (Rezept siehe Seite 149)
1 EL Fischsauce oder Austernsauce
2 EL Orangensaft
2 EL Maisstärke
Sesamöl
1 EL schwarzer Sesam

20 MIN **4 PORTIONEN** **GLUTENFREI**

GEMÜSEPÜREE *GRUNDREZEPT*

Das Kartoffelpüree ist in der heimischen Küche eines der beliebtesten Beilagen über-
haupt. Doch ganz ehrlich, ist das nicht ein bisschen langweilig?! Warum das Kartoffelpüree nicht mit zahlreichen Farben und Geschmäckern von Gemüse variieren? Püree
ist eine gesunde Beilage, die ihr anstelle von Getreide zu jedem Gericht reichen könnt.

300 g Kartoffeln, mehlig
1 Schalotte oder
 1 Stange Lauch
400 g Gemüse (z.B. Erbsen,
 Brokkoli, Sellerie, Topinambur, Kürbis, Rote Rübe)
Olivenöl
300 ml Gemüsebouillon
 (Rezept siehe Seite 19), Milch
 oder nur Wasser
Salz
1 Msp. Muskat
2 EL Kokosfett
 oder Butter
evtl. 1–2 EL Sojacreme
 oder Crème fraîche

ZUBEREITUNG

Kartoffeln waschen, schälen und in Würfel schneiden. In reichlich
Salzwasser ca. 15 Minuten kochen, bis sie weich sind *(dürfen ruhig über-
kocht sein)*, durch ein Sieb gießen und ausdämpfen lassen.

Schalotte oder Lauch schälen und grob schneiden. Gemüse kochfertig
vorbereiten und gegebenenfalls in grobe Stücke schneiden.

Einen mittelgroßen Topf erhitzen, Topfboden mit Olivenöl benetzen
und das Gemüse darin glasig anschwitzen. Mit Flüssigkeit *(Bouillon,
Milch oder Wasser)* aufgießen und das Gemüse darin bei mittlerer Hitze
weichdünsten, bis kaum mehr Flüssigkeit übrig ist. Mit Salz und Muskat
würzen. Gemüse im Topf mit einem Stabmixer mit der Flüssigkeit und
dem Kokosfett oder der Butter pürieren.

Lauwarme Kartoffeln fein stampfen und mit einem Schneebesen in das
flüssige Gemüsepüree rühren. Unter regelmäßigem Rühren weitere 3–5
Minuten köcheln. Gegebenenfalls nochmal mit Salz abschmecken und
Sojacreme oder Crème fraîche einrühren.

TO GO

Das ausgekühlte Püree portioniert in kleine verschließbare Gefäße füllen und in den Kühlschrank geben.

VARIATIONEN

WALDORFPÜREE

Grundrezept mit Sellerie als Gemüse. Dazu einen süßen, mehligen, geschälten und in Stücke geschnittenen Apfel mitkochen.

1 Handvoll Walnüsse ohne Zugabe von Fett in einer Pfanne rösten und auf das fertige Püree geben.

ERBSEN-WASABI-PÜREE

Grundrezept mit Erbsen als Gemüse. Dazu 1 EL Wasabi und 2 EL Crème fraîche unter das Püree rühren.

KÜRBIS-KOKOS-PÜREE

Grundrezept mit Hokkaido- oder Butternusskürbis als Gemüse. Statt Butter Kokosfett und statt Bouillon Kokosmilch verwenden. Mit gemahlenem Kreuzkümmel und Koriander abschmecken.

ROTE RÜBEN-MEERRETTICH-PÜREE

Grundrezept mit Roten Rüben als Gemüse. Dazu einen süßen, mehligen, geschälten und in Stücke geschnittenen Apfel mitkochen. Mit 1 EL Meerrettich und 2 EL saurer Sahne ins Püree mischen.

Mit etwas gerissenem Meerrettich dekorieren.

GUT ZU WISSEN

Gebt, um das Püree aufzuwärmen, etwas Flüssigkeit dazu und wärmt es dann im Wasserbad, in der Mikrowelle oder im Ofen auf.

Püree und Laibchen *(Rezept siehe Seite 138)* sind wie füreinander bestimmt.

🕐 **20 MIN** 🍴 **2 PORTIONEN** ⚡ **BLITZGERICHT**

BLANCHIERTER ROMANESCO
MIT PARMESAN-VOLLKORNBRÖSELN

Für dieses einfach köstliche Blitzgericht stand der klassische Blumenkohl mit Bröseln Modell. Meine Brösel sind durch den Einsatz von Vollkorn und einer Olivenöl-Butter-Mischung nicht nur gesünder, sondern geben gemeinsam mit dem gerösteten Hartkäse und der Zitronenschale auch geschmacklich mehr her.

ZUBEREITUNG

Romanesco von Blättern befreien und im Ganzen in reichlich Salzwasser für ca. 10 Minuten bissfest kochen. Mit eiskaltem Wasser abschrecken.

Währenddessen für die Brösel den Hartkäse fein reiben und Zitronenschale abreiben.

Eine große Pfanne heiß werden lassen und Butter und Olivenöl hineingeben. Wenn die Butter geschmolzen ist, die Brösel darin bis zur goldenen Färbung unter ständigem Rühren rösten. Hartkäse und Zitronenabrieb zugeben, einmal gut umrühren und von der Flamme nehmen.

TO GO

Romanesco mit der Spitze nach oben in ein geeignetes to go-Geschirr geben, mit dem Saft der Zitrone marinieren *(schmeckt und sorgt für eine schöne Farbe)*, mit den Bröseln üppig bestreuen und Gefäß verschließen. Das Gericht schmeckt kalt und warm.

2 Stück Romanesco
Salz
100 g Hartkäse
(z.B. Parmesan)
1 Zitrone, unbehandelt
40 g Butter
40 ml Olivenöl
200 g Vollkornbrösel

GUT ZU WISSEN

Wusstet ihr, dass es violetten und gelben Blumenkohl gibt? Probiert das Gericht auch damit!

Mein Dip-Tipp: Rettich-Tsatsiki *(Rezept siehe Seite 145)*

30 MIN   **2 PORTIONEN**   **GLUTENFREI**

BLÜTENBÄLLCHEN
MIT WÜRZFETA + TOMATENSAUCE

Essbare Blüten – seit ich sie entdeckt habe, verwende ich sie gerne als Deko-Element und möchte sie in meiner bunten Küche nicht mehr missen. Ob frisch oder getrocknet und gerieben, durch ihre optische Vielfältigkeit geben sie besonders viel her. So auch bei meinen leckeren Maisgrießbällchen, welche auch durch ihr Fetaherz bestechen. Und das Ganze in fruchtiger Tomatensauce – was will man mehr?

2 EL Majoran
2 EL Minze
1 Handvoll schwarze
  Oliven, entsteint
200 g Feta
  bunter Pfeffer,
zerstoßen
500 ml Gemüsebouillon
  (Rezept siehe Seite 19),
  Mediterrane
  Aromenpaste gelöst
  in Wasser (siehe
  Seite 22) oder nur Wasser
Salz
125 g Maisgrieß
1 EL Butter
2 EL Olivenöl
1 Msp. Muskat
1 Handvoll Kräuterblüten
  oder Kräuter, getrocknet
300 g Tomatensauce
  (Rezept siehe Seite 149)

ZUBEREITUNG

Majoran und Minze waschen und fein hacken. Oliven ebenfalls fein hacken und mit ca. ¾ des Fetas, den Kräutern und dem gestoßenem Pfeffer in einer Schüssel zu einer Masse verrühren. Abdecken und kalt stellen.

Die Bouillon bzw. die Suppe oder das Wasser in einem mittelgroßen Topf zum Kochen bringen und salzen. Den Maisgrieß einrieseln lassen, dabei ordentlich umrühren. Einmal aufwallen lassen und dann die Hitze reduzieren und unter ständigem Rühren ca. 10 Minuten köcheln.
Nun restlichen Feta, Butter und Olivenöl unter die heiße Masse rühren, mit Salz und Muskat abschmecken.

Während der Maisgrieß erkaltet, aus der kalt gestellten Fetamasse walnussgroße Pralinen drehen.

Jeweils 2 EL Maisgrieß auf einer sauberen Arbeitsfläche zu Laibchen formen, mit den Fetapralinen füllen und zu kleinen Knödeln drehen. Die fertigen Bällchen in der Blütenkräutermischung wälzen.

TO GO

Die Maisgrießbällchen in ein geeignetes to go-Geschirr geben und verschließen. Die Tomatensauce separat verpacken und vor dem Verzehr kalt oder warm über die Bällchen gießen.

GUT ZU WISSEN

Gebt zusätzlich zum Feta etwas Parmesan in den Maisgrieß, dann werden die Bällchen besonders würzig.

Peppt die Tomatensauce z.B. mit Zucchini auf!

GUT ZU WISSEN

Wer den Käse warm essen möchte, kann ihn einfach im Ofen aufwärmen, so behält er seine knusprige Kruste.

Probiert das Gericht auch mit Buchweizen.

35 MIN   2 PORTIONEN   SÜSSES MIT GEMÜSE

GEBACKENER CAMEMBERT AUF STUDENTENAMARANT
MIT BIRNENMUS

Dass Käse, und dabei speziell Weichkäse, gut zu Früchten und Nüssen passt, hat uns die Französische Küche schon vor langer Zeit bewiesen. Ein Geschmackspunkt, der auch hier zum Tragen kommt. Durch die Cornflakes-Kruste ist der Käse außen knusprig und im Inneren zart-cremig. Gebettet auf luftigem Amarant, umgeben von Früchten und Nüssen – das nenne ich harmonische Geschmackserlebnisse.

ZUBEREITUNG

STUDENTENAMARANT Pastinaken waschen, schälen und reiben. Bouillon bzw. Suppe oder Wasser in einem mittelgroßen Topf zum Kochen bringen, salzen und Amarant einstreuen. Erneut aufkochen, Hitze reduzieren und nach 10 Minuten köcheln die geriebenen Pastinaken dazugeben. Für weitere 10 Minuten köcheln lassen. Nun etwas Olivenöl und Studentenfutter unter den heißen Amarant mischen, das Ganze auf einem Blech ausbreiten und für einige Minuten nachquellen lassen, damit er luftig wird.

BIRNENMUS Währenddessen Birnen waschen, schälen, Gehäuse entfernen, in grobe Stücke schneiden. Wasser in einem Topf zum Kochen bringen, Zucker und Birnen hineingeben und 5–10 Minuten darin kochen. Die gekochten Birnenstücke durch ein Sieb drücken und Limettensaft dazugeben.

CAMEMBERT Cornflakes in ein kleines Säckchen oder sauberes Geschirrtuch geben und mit einem Nudelholz zu Bröseln klopfen. Eier mit etwas Salz und Wasser in einem tiefen Teller verquirlen. Cornflakesbrösel und Mehl jeweils in einen weiteren Teller geben.

Käse zuerst in Mehl, dann in den Eiern und zuletzt in den Cornflakes-Bröseln ohne zu drücken wenden.

In einer Pfanne 1 cm hoch Öl einfüllen, heiß werden lassen und Käse auf beiden Seiten goldbraun ausbacken.

TO GO

Amarant in ein geeignetes to go-Geschirr füllen und Käse daraufsetzen. Mus dazugeben oder separat in ein Glas füllen und mitnehmen.

STUDENTENAMARANT
2 Pastinaken
200 ml Gemüsebouillon getrocknete (Rezept siehe Seite 19), Klassische Aromenpaste gelöst in Wasser (siehe Seite 22) oder nur Wasser
Salz
80 g Amarant
Olivenöl
100 g Studentenfutter

BIRNENMUS
4 Birnen
2 TL brauner Zucker
Saft von ½ Limette

CAMEMBERT
2 Handvoll Cornflakes
2 Eier
Salz
1 Handvoll Mehl, griffig
2 Stück Camembert, rund
pflanzliches Öl zum Frittieren

40 MIN **2 PORTIONEN**

ONE POT-GEMÜSE-COUSCOUS
MIT MINZHUMMUS

Schnell, einfach, köstlich, gesund und auch noch originell – all das passt in einen Topf. One Pot-Gerichte erfreuen sich zunehmender Beliebtheit, weil sie leicht in der Zubereitung sind und wenig Zeit sowie Geschirr in Anspruch nehmen.

GEMÜSE-COUSCOUS
150 g Lauch
1 Paprika
80 g Tomaten,
 eingelegt
1 Handvoll Minze
150 g Grillkäse
100 g Zuckerschoten
Olivenöl
150 ml Gemüsebouillon
 (Rezept siehe Seite 19),
 Klassische Aromen
 paste gelöst in
 Wasser (siehe Seite 22)
 oder nur Wasser
Salz
2 TL Ras el-Hanout
150 g Couscous
50 g Cashewkerne

MINZHUMMUS
½ Zitrone, unbehandelt
1 Knoblauchzehe
2 Handvoll Minze
Salz
Olivenöl
4 EL Joghurt
250 g Hummus Natur
 (Rezept siehe Seite 143)

ZUBEREITUNG

GEMÜSE-COUSCOUS Lauch längs halbieren, gründlich waschen, abtropfen lassen und in feine Streifen schneiden. Paprika waschen, halbieren, Gehäuse und weiße Innenhäuten entfernen. In Streifen und dann schräg in Rauten schneiden. Tomaten waschen und grob hacken. Minze *(auch die vom Hummus)* waschen, trocken tupfen und ebenfalls grob hacken. Den Grillkäse fingerdick in Würfel schneiden. Zuckerschoten waschen.

Nun einen mittelgroßen Topf erhitzen, Boden mit Olivenöl bedecken und den Lauch darin glasig anschwitzen. Paprika und Grillkäse zugeben und rösten, bis der Käse Farbe nimmt. Die Tomaten kurz mitrösten und mit Gemüsebouillon bzw. Suppe oder Wasser aufgießen. Mit Salz und Ras el-Hanout würzen. Nochmal aufkochen, dann Couscous und Cashewkerne zugeben und den Topf von der Flamme nehmen. Quellenden Couscous mit der Gabel auflockern und einen Teil der Minze unterheben.

MINZHUMMUS Zitronenschale abreiben und Zitrone entsaften. Knoblauch schälen und fein hacken, mit einer Prise Salz einsalzen und mit der flachen Messerseite zerdrücken. Knoblauch mit der restlichen Minze, Zitronenabrieb, Zitronensaft, einem Schuss Olivenöl und Joghurt unter das Hummus rühren.

TO GO

Den Minzhummus in ein geeignetes to go-Geschirr füllen und den Couscous daraufgeben, wenn ihr das Gericht kalt genießen wollt. Wenn der Couscous aufgewärmt werden soll, Hummus und Couscous separat in passende, hitzefeste Gefäße geben.

GUT ZU WISSEN

Probiert das Rezept mit Bulgur aus (*Verhältnis Bulgur zu Bouillon: 1:2.*)

Probiert den Couscous mit Muhammara (*Rezept siehe Seite 144*)

20 MIN + 30 MIN BACKZEIT **2 PORTIONEN**

GEBACKENE PAPRIKARARITÄTEN
MIT KRÄUTERBULGUR + TOMATENSAUCE

So einfach wie genial schmecken die aus der traditionellen Küche entsprungenen gefüllten Paprika in Tomatensauce. Ähnlich wie die Inder beim Curry oder die Ungarn beim Gulasch haben hierzulande viele Familien ihr eigenes Rezept. Mit der Intention viel Geschmack bei wenig Aufwand zu bekommen, ist diese einfache, vegetarische Alternative entstanden. Verschiedene Paprikasorten versprechen dabei nicht nur Abwechslung im Aussehen, sondern auch im Geschmack.

ZUBEREITUNG

Bouillon bzw. Suppe oder Wasser in einem Topf zum Kochen bringen. Bulgur in eine Schüssel geben und mit der kochenden Flüssigkeit übergießen, salzen und mit einem Deckel oder einem Teller abdecken und für rund 15 Minuten *(je nach Körnung)* quellen lassen. Inzwischen die Oliven entsteinen und grob hacken.

Nach der Quellzeit den Bulgur mit einer Gabel auflockern und gegebenenfalls übrige Flüssigkeit abgießen. Nun einen Schuss Olivenöl, Kräuter, Oliven und den Ziegenkäse zugeben und zu einer cremigen Masse verrühren.

Den Backofen auf 180 °C Ober-/Unterhitze vorheizen.

Die Paprikaschoten jeweils 1 cm unter dem Strunk köpfen und mit einem Gemüsemesser vorsichtig den Hohlraum der Früchte ausschaben, sodass Kerne und weiße Innenhäute möglichst entfernt sind.

Paprika innen salzen und den Kräuterbulgur hineingeben und nachdrücken, damit der gesamte Hohlraum gefüllt ist. Die Köpfe mit dem Strunk wieder daraufsetzen und leicht andrücken.

Ein Backblech mit Backpapier auslegen und die Schoten nebeneinander daraufgeben. Mit Olivenöl beträufeln und für ca. 30 Minuten im Ofen backen.

TO GO

Frische Tomatensauce in ein geeignetes to go-Geschirr gießen und gefüllte Paprika dazugeben. Das Gericht lässt sich kalt, aber noch besser im Ofen, in der Mikrowelle oder im Wasserbad erwärmt genießen.

KRÄUTERBULGUR
2 Tassen Gemüsebouillon
(Rezept siehe Seite 19),
Mediterrane Aromenpaste gelöst in
Wasser (siehe Seite 22)
oder nur Wasser
1 Tasse Bulgur
Salz
1 Handvoll schwarze
Oliven
Olivenöl
2 Handvoll Kräuter,
frisch oder getrocknet
(z.B. Estragon, Thymian, Fenchelkraut, Liebstöckel, Zitronenmelisse)
150 g Ziegenkäse

400 g Paprikararitäten
Salz
Olivenöl

Tomatensauce
(Rezept siehe Seite 149)

20 MIN
+ 8 MIN
BACKZEIT   2 PORTIONEN   VEGAN

PIKANTER GEMÜSESCHMARREN

Ich glaube, niemand von uns möchte den Kaiserschmarren auf den Süßspeisen-
karten der Restaurants und Gasthäuser missen. Wie einfach ihr eine ganz neue
Variante in die pikante Küche bringen könnt, zeige ich euch mit diesem Rezept.
Das nicht nur geschmacklich, sondern auch farblich dominante Curry lässt den
Schmarren dabei goldgelb erscheinen und das Kokosfett ist nicht nur gesund,
sondern macht ihn geschmeidig und köstlich.

200 g Wurzelgemüse,
  gemischt
20 g Kokosöl
Salz
1 Orange, unbehandelt
2 Eier
125 g Mehl, glatt
200 ml Mandelmilch
50 g Sojacreme
2 TL indische Curry-
  mischung

GUT ZU WISSEN

Backt den Schmarren
nicht zu lange, damit er
schön flaumig bleibt.

Probiert den Schmarren
mit einer anderen
Gewürzmischung, wie
z.B. Ras el-Hanout.

Mein Dip-Tipp:
Curryhummus *(Rezept
siehe Seite 143)*

ZUBEREITUNG

Den Backofen auf 180 °C Heißluft vorheizen.

Wurzelgemüse schälen, Enden abschneiden und auf einer Raspel grob
hobeln. Nun eine Pfanne heiß werden lassen, etwas vom Kokosöl darin
schmelzen und die Gemüseraspel darin für ca. 4 Minuten braten und salzen.

Orangenschale abreiben. Eier trennen. Eiweiß halbsteif schlagen, salzen
und weiterschlagen. In einer weiteren Schüssel Mehl zuerst mit einem
Schuss Mandelmilch zu einer zähen Masse verrühren *(verhindert Klumpen)*
dann erst die restliche Milch, Orangenabrieb, Sojacreme und Curry zugeben und glattrühren. Eigelb und Gemüse unter den Teig geben. Zuletzt
den Eischnee behutsam mit einem Teigschaber unter den Teig heben.

In der Pfanne das restliche Kokosfett schmelzen. Teig in der Pfanne
verteilen und ca. 2 Minuten am Herd anbacken. Nun für 6–8 Minuten im
Ofen backen. Herausnehmen, wenden und mit zwei Löffeln in mundgerechte Stücke reißen und nochmal für ca. 1 Minute am Herd backen.

TO GO

Schmarren in ein geeignetes to go-Geschirr füllen. Packt euch dazu auch
einen Dip ein, wie etwa einen Hummus.

GUT ZU WISSEN

Wer die Nockerl lieber klassisch ohne Blauschimmelkäse mag, kann diesen durch Butter oder einen anderen Käse ersetzen.

35 MIN   2 PORTIONEN   GLUTENFREI

MAISGRIESS-BLAUSCHIMMEL-KÄSE-NOCKERL
AUF FRUCHTIGEM RADICCHIO

Nachdem ich ein großer Fan von flaumigen Grießnockerln bin, habe ich einige Zeit daran getüftelt, wie ich diese leckeren Nockerln aus der Suppe auf einen flachen Teller bringen könnte. Bei meinem Rezept ergänze ich einen cremigen, würzigen Blauschimmelkäse, der die Nockerln zu wahren Geschmacksbomben macht. Mir schmecken sie dabei am besten kalt, und vor allem in Kombination mit dem fruchtig roten Salat lassen sie Genussträume wahr werden.

ZUBEREITUNG

SALAT Für den Salat Radicchio von den äußeren Blättern befreien, waschen und halbieren. Den Strunk mit einem Küchenmesser ausschneiden und möglichst dünn mit der Küchenmaschine, einer Raspel oder einem Küchenmesser schneiden. Einsalzen, Zitronensaft dazugeben und einige Zeit fest durchkneten, bis er geschmeidig wird. Eine halbe Stunde kühl stellen und dann mit der Marinade und den Orangenstücken und Beeren anrichten.

MAISGRIESS-BLAUSCHIMMELKÄSE-NOCKERL Bouillon, Butter, Muskat, Salz und Pfeffer in einem Topf zum Kochen bringen, Maisgrieß zugeben und gut verrühren. 5 Minuten bei niedriger Temperatur köcheln lassen, bis der Maisgrieß das ganze Wasser aufgesaugt hat.

Währenddessen Eier verquirlen und Blauschimmelkäse hacken. Nachdem der Maisgrieß abgekühlt ist, Blauschimmelkäse und Eier unterrühren und etwa 10 Minuten rasten lassen.

Wasser in einem Topf zum Kochen bringen und salzen. Mit zwei großen Löffeln Nockerln aus der Masse stechen und formen. Hitze reduzieren und Nockerl für 8 Minuten im heißen Wasser knapp unter dem Siedepunkt ziehen lassen. Vorsichtig herausheben und rasten lassen.

TO GO

Den Salat in einem geeigneten to go-Geschirr ausbreiten, Nockerl daraufsetzen und verschließen. Kalt genießen.

SALAT
1 Radicchio
Salz
Saft von ½ Zitrone
Orangen-Granatapfel-Marinade
(Rezept siehe Seite 48)
Fruchtfleisch einer Orange nach Belieben, geschnitten
frische Beeren nach Belieben (z.B. Rote Johannisbeeren)

MAISGRIESS-BLAUSCHIMMEL-KÄSE-NOCKERL
600 ml Gemüsebouillon
(Rezept siehe Seite 19)
Mediterrane Aromenpaste gelöst in Wasser
(siehe Seite 22) oder nur Wasser
40 g Butter
1 Prise Muskat
Salz, Pfeffer
200 g Maisgrieß
1 Ei, groß
70 g Blauschimmelkäse, würzig

30 MIN + 30 MIN BACKZEIT **2 PORTIONEN** **GLUTENFREI** **FÜR KINDER**

ZOODLES-GLASNUDEL-NESTCHEN

Küchengeräte wie Spiralschneider haben es möglich gemacht, in Minutenschnelle aus Gemüse wie Zucchini „Zoodles" als gesunde Alternative zur herkömmlichen Pasta zu machen. Wer sich so ein Gerät nicht anschaffen will, kann sich jedoch leicht mit einem einfachen Sparschäler helfen und sich über ein ähnlich gutes Ergebnis freuen. Bei den Nestchen mische ich die Zoodles mit Glasnudeln, was für eine spannende Textur sorgt. Gebunden wird das Ganze mit einem mediterranen Eierguss, so habt ihr schnell eine wunderbares to go-Gericht gekocht.

200 g Reisnudeln
2 Eier
2 Knoblauchzehen
200 g Feta
1 TL Paprikapulver
Salz, Pfeffer
1 Zucchini
1 Handvoll schwarze Oliven
1 Handvoll Basilikum
4 Tomaten, getrocknet
1 EL Butter
Olivenöl
Saft von ½ Zitrone

TO GO

Die Nester etwas auskühlen lassen und Gefäß mit dem passenden Deckeln verschließen.

KINDER-TIPP

Verwendet gelbe und grüne Zucchini, dann wird es besonders bunt.

ZUBEREITUNG

Backofen auf 180 °C Heißluft vorheizen.

Damit die Reisnudeln etwas weich werden, kurz mit kochendem Wasser überbrühen, sofort in einem feinen Sieb eiskalt abschrecken und zur Seite stellen.

Für den Käseguss Eier in ein hohes Gefäß schlagen. Knoblauch schälen, grob hacken und gemeinsam mit Eiern, Feta, Paprikapulver, einer Prise Salz und Pfeffer mit einem Stabmixer mixen.

Die Zucchini waschen, Enden abschneiden und dann mit einem passenden Gerät spiralisieren oder mit einem Sparschäler der Länge nach Streifen abziehen oder mit einem Küchenmesser zuerst der Länge nach in dünne Scheiben und dann in Spaghettiform schneiden. Oliven halbieren und entsteinen. Basilikum waschen und gemeinsam mit den Tomaten feinnudelig schneiden.

Butter mit einem Schuss Olivenöl in einer beschichteten Pfanne schmelzen. Zucchini darin für rund 3 Minuten schwenkend anschwitzen und mit Zitronensaft ablöschen. Reisnudeln, Oliven, Tomaten und Basilikum dazugeben und vorsichtig mit Salz und Pfeffer abschmecken (*Achtung! Feta, Oliven und Tomaten sind schon salzig*).

Die Zucchinimischung nun auf 2 to go-Gläser (*z.B. Einmachgläser*) aufteilen und mit dem Käseguss übergießen. Etwas nachklopfen, damit sich die Eiermasse gut verteilt.

Nestchen für 25–30 Minuten im Ofen auf mittlerer Schiene backen.

GUT ZU WISSEN

Die Nestchen schmecken auch mit Bergkäse hervorragend.

Probiert das Gericht mit gekochten, spiralisierten Roten Rüben statt der Zucchini.

30 MIN · 2 PORTIONEN

GETREIDELAIBCHEN *GRUNDREZEPT*

Laibchen schmecken kalt wie warm, sind unkompliziert und handlich – das perfekte to go-Essen also. Dazu haben sie durch die Verwendung verschiedener Gemüse- sowie Getreide- und Pseudogetreidesorten eine hohe Nahrhaftigkeit. Damit ihr eure Lieblingszutaten in Laibchen verpacken könnt, habe ich für euch ein Grundrezept erstellt, bei dem ihr auf eure individuellen geschmacklichen wie auch gesundheitlichen Bedürfnisse, als auch Vorlieben Rücksicht nehmen könnt.

1 Knoblauchzehe
1 Handvoll Kräuter
3 Frühlingszwiebeln
pflanzliches Öl
250 g Gemüse, gemischt und geraspelt
350 g Getreide oder Pseudogetreide, gekocht
4 EL Nüsse, gemahlen oder gehackt
Saft von ½ Zitrone
1 großes Ei
1–2 EL Mandel- oder Dinkelmehl
1 TL Piment
Salz, Pfeffer
evtl. etwas Wasser für die Masse

ZUBEREITUNG

Knoblauch schälen, Kräuter waschen, zupfen und gemeinsam fein hacken, einsalzen und mit der flachen Seite des Messers zu einer feinen Paste drücken.

Frühlingszwiebeln der Länge nach halbieren, waschen und in feine Ringe schneiden. Eine unbeschichtete Pfanne erhitzen, den Pfannenboden mit Öl benetzen und zuerst die Frühlingszwiebeln, dann Gemüseraspel bis zur goldbraunen Färbung rösten.

Getreide gegebenenfalls fein hacken und mit gebratenem Gemüse, Nüssen, Zitronensaft und der Knoblauch-Kräuter-Mischung in einer großen Schüssel vermischen und auskühlen lassen. Nun Ei, Mehl und Piment einarbeiten und die Masse mit Salz und frischem Pfeffer abschmecken.

Aus der Masse etwa gleich große Laibchen formen. Eine große Pfanne erhitzen, in den Pfannenboden reichlich Öl geben und die Laibchen auf jeder Seite bei nicht allzu hoher Temperatur zwischen 3–6 Minuten goldbraun braten.

TO GO

Die ausgekühlten Laibchen können im to go-Geschirr oder in Backpapier eingewickelt transportiert werden. Praktisch ist an ihnen, dass sie auch kalt und ohne Besteck schmecken. Zum Erwärmen könnt ihr die Mikrowelle oder den Ofen verwenden.

GUT ZU WISSEN

Um die Laibchen in eine gleichmäßig runde Form zu bringen, empfehle ich euch eine biegsame Küchenpalette oder einen Vorspeisenring zu verwenden

15 MIN + 20 MIN BACKZEIT   2 PORTIONEN   GLUTENFREI

KICHERERBSEN-TOFU-LAIBCHEN

ZUBEREITUNG

Backofen auf 180 °C Heißluft vorheizen.

Karotte, Kohlrabi, Knoblauch und Schalotte schälen. Schalotte feinwürfelig schneiden. Kräuter zupfen, waschen und gemeinsam mit dem Knoblauch fein hacken, etwas einsalzen und mit der flachen Seite des Messers zu einer Paste drücken. Tofu mit einer feinen Raspel, Karotte und Kohlrabi mit einer groben Raspel zerkleinern. Die weichen Kichererbsen in einer großen Schüssel mit einem Kartoffelstampfer andrücken. Eier dazuschlagen, Gemüse, Schalotte, Tofu, Kräuter-Knoblauch und Ajvar beimengen. Kichererbsenmehl einarbeiten und mit Salz und Pfeffer abschmecken.

Jeweils 3 EL der Masse auf ein mit Backpapier ausgelegtes Blech setzen und mit dem Löffelrücken andrücken. Für 15–20 Minuten im Ofen goldbraun backen.

1 Karotte
1 Kohlrabi
1 Knoblauchzehe
1 Schalotte
3 EL Bohnenkraut, frisch oder getrocknet
1 Handvoll Petersilie
300 g Räuchertofu
150 g Kichererbsen, gekocht
2 Eier
1½ EL Ajvar (Rezept siehe Seite 148)
4 EL Kichererbsenmehl
Salz, Pfeffer

30 MIN   2 PORTIONEN   GLUTENFREI

GEMÜSELAIBCHEN MIT KRÄUTERN

ZUBEREITUNG

Wurzelgemüse waschen, schälen und gemeinsam mit Zucchini und Käse grob in eine große Schüssel raspeln. Kartoffeln schälen, fein raspeln, mit den Händen fest ausdrücken und zu der Gemüse-Käse-Mischung geben. Lauch der Länge nach halbieren, waschen und in feine Streifen schneiden.

Eine unbeschichtete Pfanne erhitzen, Boden mit Olivenöl benetzen und den Lauch darin bis zur Färbung rösten und zum anderen Gemüse geben.

Kräuter waschen, zupfen, grob hacken und ebenfalls zum Gemüse geben. Quark, Ei, Mehl und Gewürze in einer kleinen Schüssel gut vermengen und in die Gemüsemasse einarbeiten. Masse mithilfe eines Vorspeisenringes oder einer Küchenpalette in gleich große Laibchen formen.

Pfanne erhitzen, Pfannenboden mit reichlich Öl bedecken und die Laibchen auf jeder Seite bei mittlerer Temperatur 3–6 Minuten goldbraun braten.

300 g Wurzelgemüse
100 g Zucchini
80 g Hartkäse, würzig
200 g Kartoffeln, mehlig
1 Stange Lauch
Olivenöl
2 Handvoll frische Kräuter (z.B. Majoran, Petersilie, Schnittlauch, Salbei)
2 EL Quark
1 Ei
2 EL Mandelmehl
1 Msp. Muskat
1 Msp. Kümmel
Salz, Pfeffer

AUFSTRICHE & CO. → TO GO

FÜR ALLE, DIE ABWECHSLUNG LIEBEN

Gute Aufstriche, Dips usw. sind nicht zuletzt wegen der „Heurigenkultur" ein wichtiger Bestandteil meiner heimischen Küche. Sie bieten unzählige Variationsmöglichkeiten und laden damit ein, kreativ zu sein. Ich habe meine köstlichsten und besten Kreationen für euch zusammengefasst. Viele Rezepte eignen sich auch wunderbar für die Vorratskammer.

Einerseits sind in den verschiedenen Dips und Aufstrichen bereits diverse Gemüse eingearbeitet, andererseits sind sie unverzichtbare Begleiter für fast alle Gemüsegerichte speziell in der to go-Küche, in der die Speisen ja in den meisten Fällen auch kalt besonders schmackhaft sind. Und ganz wichtig dabei: Ihr kommt bei all diesen Saucen ohne Geschmacksverstärker, Aromen und Konservierungsmittel aus!

10 MIN   2 PORTIONEN   BLITZGERICHT   GLUTENFREI

COTTAGE-KRÄUTER-DIP

1 Handvoll Kräuter
Schale und Saft von
 ½ Limette, unbehandelt
250 g Cottage Cheese
2 EL Olivenöl
Salz, Pfeffer

ZUBEREITUNG

Die Kräuter waschen und mit einem Messer grob hacken oder feinnudelig schneiden. Limettenschale abreiben und gemeinsam mit Limettensaft, Käse, Kräutern und Olivenöl in einer Schüssel vermischen. Mit Salz und Pfeffer abschmecken.

40 MIN   2 PORTIONEN   GLUTENFREI

„ERDÄPFELKAS" NACH KÄRNTNER ART

400 g Kartoffeln, mehlig
1 EL Minze
1 EL Petersilie
1 TL Kerbel
4 EL Butter
300 g Bröselquark
1 Zwiebel, fein
 geschnitten
1 Prise Kümmel,
 gemahlen
Salz, Pfeffer

ZUBEREITUNG

Kartoffeln in reichlich Salzwasser rund 30 Minuten weichkochen, schälen und hacken oder pressen. Kräuter hacken. Die Butter in einem kleinen Topf bei mittlerer Temperatur braun werden lassen *(Nussbutter)*. Quark mit Nussbutter und den anderen Zutaten in einer Schüssel glattrühren und mit Salz und Pfeffer abschmecken.

TIPP

Der Aufstrich ist auch ideal als Füllung von Pasta, Knödeln oder Strudel geeignet.

15 MIN   2 PORTIONEN   GLUTENFREI

GUACAMOLE

1 Tomate
1 Knoblauchzehe
1 TL Korianderkraut
1 Avocado
1 Schalotte
2 EL saure Sahne
Saft von ½ Zitrone
Salz, Pfeffer

ZUBEREITUNG

Der Tomate an der Unterseite ein Kreuz mit einem Messer einritzen, für 30 Sekunden in kochendem Wasser blanchieren, kalt abschrecken, Haut abziehen, entkernen und Fruchtfleisch würfelig schneiden. Knoblauch schälen, gemeinsam mit dem Korianderkraut hacken, einsalzen und mit der flachen Seite des Messers zu einer Paste drücken. Die Avocado halbieren, den Kern mithilfe eines Löffels vom Fruchtfleisch lösen und herausheben. Fruchtfleisch aus der Schale nehmen und in einer Schüssel mit einer Gabel zerdrücken. Schalotten schälen und fein hacken. Saure Sahne glattrühren und mit dem Saft der Zitrone verrühren. Alle Zutaten zur Avocado geben, gut vermengen und mit Salz und Pfeffer abschmecken.

TIPP

Ihr könnt den Dip in der ausgehöhlten Avocado servieren.

15 MIN · **2 PORTIONEN** · **BLITZGERICHT** · **GLUTENFREI**

VEGAN

HUMMUS GRUNDREZEPT

ZUBEREITUNG

Kichererbsen mit kaltem Wasser abschwemmen. Tahin mit Zitronensaft cremig rühren. Knoblauch schälen. Kichererbsen mit dem Tahin und den anderen Zutaten in ein hohes Gefäß geben und mit einem Stabmixer zur gewünschten Konsistenz pürieren. Eventuell etwas Wasser dazugeben.

200 g Kichererbsen,
 gekocht
100 g Tahin
Saft von ½ Zitrone
1 Msp. Kreuzkümmel
1 Knoblauchzehe
Olivenöl
Salz

GUT ZU WISSEN

Ihr könnt das Hummus-Grundrezept mit euren Lieblingsgewürzen sowie -kräutern verfeinern und so euren eigenen Lieblingshummus kreieren. Wollt ihr diesen etwas cremiger haben, empfehle ich euch, Joghurt einzurühren. Beim Anrichten auf einen Teller streichen oder in eine Schüssel füllen und mit Öl, Kräutern und Gewürzen dekorieren.

Zum Aufbewahren den Hummus mit Öl verschließen (übergießen, bis davon nichts mehr zu sehen ist), dann bleibt er haltbar.

ROTE RÜBEN-ORANGEN-HUMMUS

ZUBEREITUNG

Rote Rübe in Alufolie wickeln und bei ca. 180 °C Heißluft für 45 Minuten backen. Aus der Folie nehmen, mit einem Gemüsemesser schälen und grob schneiden.

Orangenschale abreiben und Orange entsaften. Rote Rübe, Joghurt und Saft und Abrieb der Orange gemeinsam mit den anderen Zutaten aus dem Grundrezept zu einer cremigen Paste mixen.

Grundrezept +
1 Rote Rübe, klein
1 Orange, unbehandelt
2 EL Joghurt, cremig

VEGAN

CURRYHUMMUS MIT CHILIÖL

ZUBEREITUNG

Alle Zutaten gemeinsam mit denen aus dem Grundrezept zu einer cremigen Paste mixen. Hummus vor dem Servieren mit etwas Chiliöl beträufeln.

Grundrezept +
1 getrocknete Chilischote, gehackt
1 EL Indisches Currypulver
1 EL Kurkuma
1 EL Kokoscreme
Chiliöl zum Beträufeln

HUMMUS ALLA GENOVESE

ZUBEREITUNG

Pesto zu den anderen Zutaten vom Grundrezept geben und alles zu einer Paste mixen.

Grundrezept +
2 EL Pesto alla genovese
(Rezept siehe Seite 146)

15 MIN
+ 30 MIN
BACKZEIT   2 PORTIONEN   GLUTENFREI   VEGAN

MUHAMMARA
(PAPRIKA-WALNUSS-CREME)

4 Spitzpaprika
1 Knoblauchzehe
1 Chilischote
80 g Walnüsse
Saft von ½ Zitrone
1 TL Granatapfelsirup
etwas Olivenöl
Salz

ZUBEREITUNG

Backofen auf 200 °C Ober-/Unterhitze vorheizen.

Paprikaschoten waschen, der Länge nach halbieren und vom Gehäuse sowie von weißen Häuten befreien. Die Schotenhälften mit der Hautseite nach oben auf ein Gitter legen und auf oberer Schiene im Ofen ca. 20–30 Minuten braten, bis die Haut anbräunt und Blasen wirft.

Währenddessen Knoblauch schälen, Chili waschen, halbieren und innen säubern. Gemeinsam mit dem Knoblauch fein hacken, einsalzen und mit der flachen Seite des Messers zu einer Paste drücken.

Paprika aus dem Ofen nehmen und etwas auskühlen lassen. Dann die Schoten in einem hohen Gefäß gemeinsam mit der Hälfte der Walnüsse pürieren. Die andere Hälfte der Nüsse grob hacken. Die Masse in eine Schüssel geben, mit allen Zutaten gut verrühren und mit Salz abschmecken.

10 MIN   2 PORTIONEN   BLITZGERICHT   GLUTENFREI

PAPRIKA-ZIEGENKÄSE-CREME

½ rote Paprika
1 Knoblauchzehe
200 g Frischkäse
Saft von ½ Zitrone
200 g Ziegenkäse
1 Handvoll Basilikum
1 Zweig Rosmarin
4 EL Olivenöl
3–6 Oliven, grün
2 TL Ajvar
  (Rezept siehe Seite 148)

ZUBEREITUNG

Die Paprika putzen, grob zerkleinern, Knoblauch schälen und gemeinsam mit den übrigen Zutaten in ein hohes Gefäß geben und mit einem Stabmixer zu einem Aufstrich pürieren. Für mindestens 1 Stunde kalt stellen.

8 MIN   2 PORTIONEN   BLITZGERICHT   GLUTENFREI

RETTICH-TSATSIKI

ZUBEREITUNG

Rettich und Radieschen waschen, Enden abschneiden und Rettich schälen. Das Gemüse nun auf einer Gemüseraspel in eine Schüssel reiben und ordentlich salzen.

Knoblauch schälen, Petersilie waschen und gemeinsam fein hacken, einsalzen und mit der flachen Seite des Messers zu einer Paste drücken.

Nun das Gemüse in ein Sieb geben und mit den Händen fest ausdrücken. Zurück in die Schüssel geben und mit Joghurt, Olivenöl, Petersilienknoblauch sowie Limettenabrieb und einem Spritzer des Saftes verrühren. Mit Salz und Pfeffer abschmecken.

150 g Rettich
50 g Radieschen
Salz
2 Knoblauchzehen
1 Handvoll Petersilie
250 g Griechischer
  Joghurt
2 EL Olivenöl
Abrieb und Saft von
  ½ Limette, unbehandelt
Pfeffer

20 MIN   1 GLAS   GLUTENFREI   VEGAN
          400 ML

TOMATENCHUTNEY

ZUBEREITUNG

Knoblauch schälen, Chilischote der Länge nach halbieren, mit dem Messerrücken ausputzen und beides gemeinsam fein hacken, leicht salzen und mit der flachen Seite des Messers zu einer Paste drücken.

Basilikum waschen und feinnudelig schneiden. Zwiebel schälen und schneiden. Tomaten halbieren, Strunk entfernen und vierteln.

Zucker in einer beschichteten Pfanne schmelzen, leicht karamellisieren, zuerst mit etwas Wasser ablöschen, dann mit Essig aufgießen.

Wenn sich der Karamell gelöst hat, Zwiebel, Tomaten, Senf, Pfeffer und Chiliknoblauch zugeben und ca. 10 Minuten bei mittlerer Hitze bis zur gewünschten Konsistenz reduzieren lassen. Zuletzt Konfitüre und Basilikum zugeben und mit Salz abschmecken.

1 Knoblauchzehe
1 Chilischote
Salz
1 Handvoll Basilikum
1 rote Zwiebel, klein
700 g Tomaten, vollreif
130 g brauner Zucker
150 ml Aceto balsamico
1 EL Senfkörner
1 TL rosa Pfeffer
1 EL Erdbeerkonfitüre

GUT ZU WISSEN

Das Chutney noch heiß in ein sauberes Einmachglas füllen und verschließen. Gekühlt ist es so für ca. ein halbes Jahr haltbar.

10 MIN   1 GLAS 250 ML   BLITZGERICHT   GLUTENFREI

MINZPESTO

1 Limette, unbehandelt
100 ml Olivenöl
40 g Pecorino
20 g Pistazien
50 g Minze
Meersalz, grob

ZUBEREITUNG

Limette abreiben und entsaften. Alle Zutaten in ein hohes Gefäß geben, mit einem Stabmixer pürieren und gut abschmecken.

15 MIN   1 GLAS 350 ML   BLITZGERICHT   GLUTENFREI

PESTO ALLA GENOVESE

2 Knoblauchzehen
Meersalz, grob
50 g Basilikum
80 g Parmesan
30 g Pecorino
15 g Pinienkerne
100 ml Olivenöl

GUT ZU WISSEN

Variation: BÄRLAUCHPESTO. Dazu einfach Basilikum durch Bärlauch ersetzen.

ZUBEREITUNG

Knoblauch schälen, mit etwas Salz in einen Mörser geben und bearbeiten, bis er cremig wird. Dann nach und nach Basilikum dazugeben und zerkleinern.

Parmesan und Pecorino reiben. Pinienkerne kurz in einer beschichteten Pfanne ohne Fett rösten, bis sie Farbe nehmen. Käse und Pinienkerne in den Mörser geben und ebenfalls stampfen, währenddessen langsam Olivenöl dazufließen lassen. 3 Stunden rasten lassen.

TIPP

Wenn es einmal schnell gehen soll, könnt ihr die gesamten Zutaten unter einem Mal mixen, dabei aufpassen, dass die Masse nicht zu warm wird (evtl. mit Eiswürfeln kühlen).

Wenn der Vorratsschrank mal nicht so ausgestattet ist: Mandeln statt der Pinienkernen nehmen und statt Pecorino ausschließlich Parmesan verwenden!

10 MIN   1 GLAS 250 ML   BLITZGERICHT   GLUTENFREI

STEIRISCHES KÜRBISKERNPESTO

100 ml Steirisches
    Kürbiskernöl
100 g Kürbiskerne
1 Knoblauchzehe
30 g Parmesan
Salz, Pfeffer

ZUBEREITUNG

Alle Zutaten in ein hohes Gefäß geben, mit dem Stabmixer pürieren. Pesto gut mit Salz und Pfeffer abschmecken.

WÜRZSAUCEN

Diese dickcremigen, leckeren Würzsaucen verwende ich nicht nur zum Dekorieren, sondern auch unterwegs zum Verfeinern meiner to go-Speisen. Meistens dient Balsamico als Basis und der enthaltene Zucker dickt das Ganze ein und macht die Sauce cremig. Ihr könnt diese bei eigentlich allen salzigen Gerichten nach Lust und Laune verwenden.

TIPP

Gut verschlossen könnt ihr sie im Kühlschrank oder an einem kühlen Ort für einige Wochen aufbewahren.

Ihr könnt die Würzsaucen gleich beim Abpacken eurer to go-Gerichte über die Speisen träufeln, wenn diese nicht mehr erhitzt werden.

TO GO

Füllt die Saucen in kleine Schraubverschluss- oder Einmachgläser.

10 MIN   1 GLAS 350 ML   BLITZGERICHT   GLUTENFREI

BALSAMICO-WÜRZSAUCE

ZUBEREITUNG

Alle Zutaten in einem kleinen Topf unter dem Siedepunkt auf ein Drittel des Ursprungvolumens zu einem Sirup reduzieren. Thymian, Rosmarin und Lorbeerblätter herausnehmen und abfüllen.

TIPP

Variation: Wasabi-Würzsauce. Einfach 2 TL Wasabi zu den Zutaten geben.

300 ml Aceto Balsamico
150 ml Kirschsaft
  oder Traubensaft
150 ml Rotwein
2 Zweige Thymian
2 Lorbeerblätter
1 TL Rosmarin, frisch
2 EL Akazienhonig

10 MIN   1 GLAS 350 ML   BLITZGERICHT   GLUTENFREI   VEGAN

ORANGEN-INGWER-WÜRZSAUCE

ZUBEREITUNG

Ingwer schälen. Zucker in einem kleinen Topf karamellisieren. Mit Orangensaft ablöschen, Essig und Ingwer zugeben, auf ein Drittel des Ursprungvolumens reduzieren. Ingwer herausnehmen und abfüllen.

1 Stück Ingwer (6 cm)
3 EL Zucker
300 ml Orangensaft
300 ml weißer Balsamico

15 MIN + 20 MIN BACKZEIT — **1 GLAS 350 ML** — **GLUTENFREI**

AJVAR

1 Aubergine
4 rote Paprika
2 grüne Pfefferoni
1 Knoblauchzehe
2 Chilischoten
1 Handvoll Petersilie
1 rote Zwiebel
Olivenöl
Saft von ½ Zitrone
1 EL Sweet Chilisauce
(Rezept siehe Seite 149)
1 Prise brauner Zucker
Salz, Pfeffer
etwas Cognac

ZUBEREITUNG

Ofen auf 200 °C Ober-/Unterhitze vorheizen.

Aubergine der Länge nach in ca. 5 mm dicke Scheiben schneiden, einsalzen, etwas ziehen lassen und auf einer sauberen Arbeitsfläche zwischen 2 Blatt Küchenkrepp mit den Handballen ausdrücken. Paprika sowie Pfefferoni waschen, halbieren und vom Gehäuse befreien.

Ein Backblech mit Backpapier belegen, das vorbereitete Gemüse darauflegen und für rund 20 Minuten im Ofen braten, bis sich das Gemüse goldbraun färbt. Darauf achten, dass die Schoten mit der Haut nach oben liegen. Das Gemüse abkühlen lassen, bei den Schoten die Haut abziehen und das Fleisch in grobe Stücke schneiden.

Knoblauch schälen, Chilischoten halbieren und ausputzen, Petersilie waschen, zupfen und alles gemeinsam grob hacken. Zwiebel schälen und würfelig schneiden.

Eine beschichtete Pfanne erhitzen, Boden mit reichlich Öl bedecken und Zwiebel darin hellbraun rösten *(sodass Röstaromen entstehen)*. Knoblauchmischung kurz mitbraten.

Gemüse und Zwiebelmischung mit Zitronensaft, Sweet Chilisauce, Zucker, Salz und Pfeffer in ein hohes Gefäß geben und mit einem Stabmixer grob pürieren.

VORRAT ANLEGEN

Glas auskochen, mit Sauce befüllen. Deckel mit einem Schuss Cognac flambieren und sofort schließen.

20 MIN   **1 GLAS 250 ML**   **GLUTENFREI**

SWEET CHILISAUCE

ZUBEREITUNG

Schoten waschen, halbieren und mit den Kernen fein hacken. Knoblauch und Ingwer schälen und gemeinsam fein hacken. Schalotte ebenfalls schälen und möglichst feinwürfelig schneiden.

Schoten, Schalotte und Knoblauch-Ingwer-Mischung mit allen Zutaten in einem Topf zum Kochen bringen und 15 Minuten bei mittlerer Temperatur bis zur gewünschten Konsistenz reduzieren lassen.

VORRAT ANLEGEN

Glas auskochen, mit Sauce befüllen. Deckel mit einem Schuss Cognac flambieren und sofort schließen.

70 g Chilischoten, mild
2 Knoblauchzehen
1 Stück Ingwer (3 cm)
1 Schalotte
1 EL Chiliflocken
40 ml Reisessig
20 ml Honig
50 g brauner Zucker
1 TL Salz
250 ml Wasser
etwas Cognac

35 MIN   **1 GLAS 350 ML**   **GLUTENFREI**   **VEGAN**

TOMATENSAUCE

ZUBEREITUNG

Lauch der Länge nach halbieren, waschen und grob in Streifen schneiden. Knoblauch schälen und grob hacken. Tomaten waschen, halbieren, Strunk entfernen und nochmals halbieren.

Nun einen Topf erhitzen, Boden mit Olivenöl bedecken und Lauch darin anschwitzen. Wenn der Lauch beginnt, Farbe zu nehmen, den Knoblauch zugeben. Die geviertelten Tomaten hinzufügen und für 5 Minuten mitbraten. Mit einem Schuss Bouillon, Suppe oder Wasser ablöschen und 20 Minuten köcheln lassen.

Nun die Tomaten durch ein feines Sieb in eine Schüssel gießen und mithilfe eines Teigschabers oder eines Löffels das übrige Fruchtfleisch nachstreichen. Kräuter waschen, hacken und zur Tomatensauce geben. Mit Salz und Pfeffer kräftig abschmecken.

VORRAT ANLEGEN

Glas auskochen, mit Sauce befüllen. Deckel mit einem Schuss Cognac flambieren und sofort schließen.

150 g Lauch
3 Knoblauchzehen
400 g Tomaten, vollreif
Olivenöl
1 Schuss Gemüsebouillon (Rezept siehe Seite 19), Mediterrane Aromenpaste gelöst in Wasser (siehe Seite 22) oder nur Wasser
1 Handvoll Kräuter, frisch oder getrocknet (z.B. Thymian, Rosmarin, Basilikum, Oregano)
etwas Cognac

40 MIN   1 GLAS 250 ML   GLUTENFREI   VEGAN

KETCHUP *GRUNDREZEPT*

1 Schalotte
1 kg Tomaten
etwas Olivenöl
1 1/2 EL brauner Zucker
1 EL Apfelessig
Salz
1 EL Apfelmus
etwas Cognac

VORRAT ANLEGEN

Schraubgläser auskochen, mit Ketchup füllen. Deckel mit einem Schuss Cognac flambieren und Glas sofort zuschrauben.

ZUBEREITUNG

Schalotte schälen und grob würfeln. Tomaten waschen, halbieren, den Strunk entfernen und grob schneiden.

Einen großen Topf erhitzen, Boden dünn mit Olivenöl bedecken und Schalotten darin glasig anschwitzen. Zucker zugeben und karamellisieren, mit Essig ablöschen und Tomaten einrühren. Etwa 30 Minuten bei mittlerer Hitze köcheln lassen, dann mit Salz, Apfelmus und einem Schuss Cognac würzen. Die gekochten Tomaten mit einem Stabmixer nur kurz pürieren, damit die Tomatensamen ganz bleiben.

Nun das Ketchup mit einem Teigschaber durch ein feines Sieb streichen und dann erneut im Topf aufkochen und bis zur gewünschten Konsistenz einkochen.

GEWÜRZKETCHUP

Grundrezept +
2 Knoblauchzehen
1 Stück Ingwer (3 cm)
1 Chilischote
2 Gewürznelken
1 TL Koriandersamen
1 TL Fenchelsamen
1 Lorbeerblatt

ZUBEREITUNG

Knoblauch und Ingwer schälen, Chilischote halbieren und ausputzen und alles grob hacken.

Alle Zutaten mit den Schalotten anschwitzen. Weitere Zubereitung siehe Grundrezept.

SMOKED KETCHUP

Grundrezept +
1 EL Paprikapulver, geräuchert
Rauchsalz statt Salz
1 EL Rauchgewürz

ZUBEREITUNG

Paprikapulver beim Grundrezept kurz vor dem Ablöschen zu den Schalotten geben. Ketchup mit Rauchsalz und Rauchgewürz abschmecken.

CURRYKETCHUP

Grundrezept +
1 EL Indische Currymischung

ZUBEREITUNG

Curry beim Grundrezept kurz vor dem Ablöschen zu den Schalotten geben und kurz mitrösten.

15 MIN

1 GLAS 350 ML

BLITZGERICHT

GLUTENFREI

MAYONNAISE *GRUNDREZEPT*

ZUBEREITUNG

Senf, Limettensaft, Salz, Zucker, Pfeffer und Eigelb in einem schmalen, hohen Gefäß vermengen und mit einem Pürierstab mixen. Sonnenblumenöl langsam dazufließen lassen, mit dem Stabmixer dabei von unten nach oben mixen *(bis sich die Zutaten zu einer homogenen, hellen Creme verbunden haben)*.

Zum Schluss 3 EL Olivenöl untermengen und nochmals gut verrühren. Mit Salz, Pfeffer und Limettensaft abschmecken.

1 EL Senf
Saft von 1/2 Limette
1 Prise Salz
1 TL Zucker
1 Prise Pfeffer, weiß
2 Eigelb
250 ml Sonnenblumenöl
3 EL Olivenöl

GUT ZU WISSEN

Die Zutaten verbinden sich besser, wenn sie Zimmertemperatur haben. Sollte die Mayonnaise dennoch zu flüssig sein, 1 EL warmes Essigwasser einrühren.

Wenn sie zu dick ist, mit Wasser verdünnen.

Wenn ihr nur Olivenöl verwendet, wird die Mayonnaise bitter.

Die Mayonnaise hält sich im Kühlschrank zwei Tage.

Wenn es mal leichter sein soll: Die Hälfte der Mayonnaise durch Joghurt ersetzen.

KRÄUTERMAYONNAISE

ZUBEREITUNG
Mayonnaise mit Kapern und frischen Kräutern vermixen.

WASABIMAYONNAISE

ZUBEREITUNG
Mit blanchierten Spinatblättern vermixen und mit Wasabi abschmecken.

CHILIMAYONNAISE

ZUBEREITUNG
Mit Tomatenmark, geräuchertem Paprikapulver und Chili vermixen.

FINGERFOOD S. 153

FINGERFOOD → TO GO

FÜR ALLE, DIE EINEN GESUNDEN SNACK LIEBEN

Fingerfood zeichnet sich, wie der Name unschwer erkennen lässt, dadurch aus, dass sich die Häppchen mit den Fingern, ohne den Einsatz von Besteck, essen lassen. Dazu lässt es sich schnell zubereiten und ist unkompliziert in der Herstellung. Und wer will nicht auf einer Party oder einem Fest mit seinen mitgebrachten Kreationen glänzen? Vor allem wenn sie köstlich UND gesund sind?

Wie so oft beim Kochen sind euch bei der Zubereitung im Hinblick auf Geschmack, Vielfalt und Optik keine Grenzen gesetzt. Dadurch, dass Fingerfood meist kalt gegessen wird, lässt es sich ideal vorbereiten und ist damit nicht mehr aus der to go-Küche wegzudenken.

10 MIN + 90 MIN BACKZEIT   200 G   GLUTENFREI   VEGAN   FÜR KINDER

BUNTE LOW CARB-CHIPS
AUS DEM OFEN

Wir alle lieben Chips, die meisten von uns meiden sie jedoch, da sie – salopp gesagt – direkt auf die Hüfte wandern. Mit diesem Rezept zeige ich euch meine liebste „Low Carb"-Variante, bei der ich ohne übermäßigen Einsatz von Fett auskomme. Dazu sind die Chips nicht nur farbenfroh, sondern auch abwechslungsreich im Geschmack. Sie lassen sich außerdem gut vorbereiten und überall hin mitnehmen.

ZUBEREITUNG

Backofen auf 160 °C Heißluft vorheizen. 2–3 Backbleche mit Backpapier belegen und mit Olivenöl benetzen.

Gemüse und Äpfel waschen, putzen und schälen. Nun mit einem Allesschneider, einer Gemüseraspel oder einem Schneidemesser in ca. 2 mm dicke Scheiben schneiden. Die rohen Chips nebeneinander auf die vorbereitenden Bleche legen und in den Ofen schieben.
Die Temperatur auf 100 °C reduzieren und unter regelmäßigem Wenden *(ca. alle 20 min)* für gut 90 Minuten backen.

Aus dem Ofen nehmen, salzen und erkalten lassen.

Backöfen sind unterschiedlich, sicher ist: Nehmt eure Chips erst aus dem Ofen, wenn sie knusprig sind.

TO GO

Ihr könnt die Chips in jedes to go-Geschirr geben und mitnehmen.

KINDER-TIPP

Ideal für Kinder, denn diese lieben Chips. Spart einfach ein wenig mit dem Salz.

Olivenöl
1 Rote Rübe
1 violette Karotte
1 Pastinake
1 Süßkartoffel
1 Kartoffel
2 Äpfel
Salz

GUT ZU WISSEN

Würzt eure Chips mit euren Lieblingsgewürzen und -gewürzmischungen.

Probiert auch selbstgemachte Dips *(Rezepte ab Seite 142)* dazu.

Macht Chips auch aus anderem Obst und Gemüse, wie Banane und Kürbis.

20 MIN   30 PLÄTZCHEN   BLITZGERICHT   GLUTENFREI   VEGAN   FÜR KINDER

FARBENFROHE GEMÜSEPLÄTZCHEN
MIT HUMMUSTOPPING

Hier zeige ich euch eine leichte Variante der meist doch sehr üppigen Canapés oder Brötchen. Die Idee dafür kam mir, als wir in der Küche haufenweise Gemüsereste hatten und ich für ein Geschäftsessen Canapés mit Keksformen aus Tramezzinibrot ausstach. Es liegt ja fast auf der Hand statt dem schweren Brotteig Gemüse zum Ausstechen zu verwenden. Ihr könnt dazu eure Lieblingsausstechformen und jedes dafür passende Gemüse verwenden – auch anlassbezogen, z.B. zum Valentinstag Herzen.

700 g Gemüse mit großer Oberfläche (Sellerie, Kohlrabi, Rote Rübe, runde Zucchini, Kürbis)
Salz
2 × 150 g Hummus eurer Wahl (Rezepte siehe Seite 143)
Kresse, Keimlinge, Nüsse und/oder Blüten zum Dekorieren

ZUBEREITUNG

Gemüse eurer Wahl waschen, schälen und mithilfe eines Allesschneiders oder eines Küchenmessers in 3–5 mm dicke Scheiben schneiden. In einem großen Topf reichlich Wasser zum Kochen bringen, ordentlich salzen und Gemüsescheiben darin für rund 5 Minuten kochen, sodass sie noch bissfest sind. Sofort kalt abschrecken. Nun die gekochten Gemüsescheiben auf einer sauberen Arbeitsfläche auflegen, salzen und mit den Lieblingsformen Plätzchen ausstechen.

In einem Einwegspritzbeutel oder in einem einfachen Plastikbeutel zur Spitze hin eine Tülle platzieren *(Stern oder Loch)*, ohne den Sack an der Spitze aufzuschneiden. Nun den Sack zur Tülle hin mit dem jeweiligen Hummus füllen und mit den Fingern nachdrücken. Den Sack zudrehen und mit einem Zwirn zubinden.

TO GO

Die Gemüseplätzchen lassen sich in jeder Transportbox, Keksdose oder in jeder Tüte transportieren. Den Hummus in dem geschlossenen Spritzbeutel transportieren und vor Ort die Spitze bei der Tülle aufschneiden und die Plätzchen dressieren. Mit Kresse, Blüten oder Keimlingen dekorieren.

GUT ZU WISSEN

Ihr könnt den Hummus schon am Vortag in die Spritzbeutel füllen.

Ihr könnt die Plätzchen mit allen festeren salzigen Cremen und Aufstrichen dressieren, aber auch wie Brötchen belegen.

15 MIN **2 PORTIONEN** **BLITZGERICHT** **GLUTENFREI**

GEBRATENER THAISPARGEL IM GURKENMANTEL
MIT WASABI-WÜRZSAUCE

Inspiration für dieses Fingerfood sind die bekannten Bohnen im Speckmantel, wobei ich hier statt Speck auf Gurken und statt Bohnen auf Thaispargel zurückgreife. Letzterer ist besonders fein im Aroma und erfordert wenig Aufwand in der Zubereitung. Er muss weder geschält, noch gekocht werden. Die Schärfe des Wasabis und die süße Säure des Balsamessigs lassen jedes kalte Gericht zu einem Highlight werden.

ZUBEREITUNG

Spargel gründlich waschen und mindestens 1 cm der hölzernen Enden abschneiden. Knoblauch und Ingwer schälen und fein hacken, etwas einsalzen und mit der flachen Messerseite zu einer groben Paste drücken.

Eine große Pfanne heiß werden lassen, Boden mit Sesamöl benetzen und den Spargel 3 Minuten darin schwenkend rösten, Knoblauch-Ingwer-Mischung zugeben und kurz mitrösten. Pfanne vom Herd nehmen und Spargel mit dem Limettensaft ablöschen.

Gurken waschen, Enden abschneiden und der Länge nach in einer Küchenmaschine oder mit einem Messer in dünne Scheiben schneiden (1–2 mm). Die Gurkenscheiben auf eine saubere Arbeitsfläche legen, salzen und jeweils im unteren Drittel mit ein paar Spargelstangen belegen. Nun den Spargel straff in die Gurkenscheibe einrollen.

Die Spargelbündel in ein geeignetes to go-Geschirr geben, Backpapier darauflegen und dieses wiederum belegen. Die Wasabi-Würzsauce ohne Tülle in einen geschlossenen Einwegspritzbeutel füllen, zudrehen und mit einem Draht oder einem Zwirn zubinden.

TO GO

Vor Ort Spargelbündel großzügig auf einem großen Teller oder einer Platte auflegen, Dressiersack an der Spitze aufschneiden und Würzsauce mit Schwung über den Spargel spritzen. Mit Sesam bestreuen.

800 g Thaispargel oder grüner Spargel
1 Knoblauchzehe
1 Stück Ingwer (3 cm)
Salz
Sesamöl
Saft von 1 Limette
2 Salatgurken, dünn
50 ml Wasabi-Würzsauce (Rezept siehe Seite 147)
Sesam nach Belieben

GUT ZU WISSEN

Wenn ihr den Spargel mit etwas Zitronensaft beträufelt, bleibt er länger grün.

Wenn ihr keinen Thaispargel habt, könnt ihr feinen grünen Spargel verwenden.

10 MIN · **4 PORTIONEN** · **BLITZGERICHT** · **GLUTENFREI** · **FÜR KINDER**

GEFÜLLTE
SALATHERZEN

Ich persönlich liebe eine große Auswahl an Dips und Aufstrichen bei Partys.
Bei diesem Rezept zeige ich euch, wie ihr diese richtig in Szene setzen könnt.
Die Salatschiffchen dienen als Schale, die man gleich mitessen kann. Sie
lassen sich mit einem einfachen Dressiertrick blitzschnell und kinderleicht
vorbereiten und sorgen bei jedem Buffet für Abwechslung.

½ rote Paprika
½ gelbe Paprika
½ grüne Paprika
4 Salatherzen
Saft von ½ Zitrone

Dips und Aufstriche
nach Belieben
Zum Beispiel:
300 g Guacamole
(Rezept siehe Seite 142)
300 g Curryhummus
(Rezept siehe Seite 143)

Cashewkerne
zum Dekorieren

ZUBEREITUNG

Gehäuse der Paprika entfernen und mit einem Küchenmesser in feine
Streifen und dann möglichst feinwürfelig schneiden.

TO GO

Salatherzen und Paprikawürfel separat in je eine Dose geben. Die Füllung
eurer Wahl in kleine Lebensmittelsäckchen geben.

Die einzelnen Blätter vor Ort auf einen großen Teller oder eine Platte mit
der Mulde nach oben legen und etwas Zitronensaft darüberträufeln. Die
Säckchen mit den Füllungen an einer Spitze minimal aufschneiden und
die Dips auf die Blätter dressieren. Mit bunten Paprikawürfeln und Cashew-
kernen dekorieren.

GUT ZU WISSEN

Die inneren, feineren Salatblätter vom
Endiviensalat, Lollo rosso und Lollo
verde eignen sich sehr gut zum
Dippen. Die äußeren Salatblätter
könnt ihr zu einem leckeren Salat
verarbeiten.

Zum Dekorieren könnt ihr auch andere
Samen, Nüsse und Körner verwenden.

Wenn ihr Olivenöl, Salz und Zitronensaft bei der Hand habt, könnt ihr die
Salatblätter auch etwas marinieren.

GUT ZU WISSEN

Am besten schmecken die Sticks natürlich frisch. Bereitet die Sticks vor und bratet sie, wenn ihr die Möglichkeit habt, erst vor Ort.

Probiert die Sticks auch mit weichem Vollkornbrot.

30 MIN 4 PORTIONEN VEGAN FÜR KINDER

GEMÜSESTICKS
IM KNUSPRIGEN CROUTONMANTEL

Gemüsesticks sind schon lange ein beliebter Snack für zwischendurch. Bei meiner Variante wird das Gemüse kurz blanchiert, dadurch bleibt es saftig und knackig. Der knusprig gebratene Brotmantel macht die Sticks zudem unwiderstehlich.

ZUBEREITUNG

Das gesamte Gemüse waschen, schälen, putzen und in etwa gleich große Stifte schneiden.

Reichlich Wasser zum Kochen bringen.

Knoblauch schälen, grob hacken und in einen Mörser geben. Petersilie waschen, zupfen, grob hacken und zusammen mit reichlich Olivenöl, Salz und ein paar Pfefferkörnern zu einem feinen Mus im Mörser stampfen.

Das kochende Wasser salzen und das Gemüse, außer den Roten Rüben, für ca. 4 Minuten darin bissfest blanchieren. Mit einem Schaumlöffel aus dem kochenden Wasser in ein Sieb heben und kalt abschrecken. Nun in demselben Wasser die Roten Rüben für etwa 5 Minuten kochen und ebenfalls kalt abschrecken.

Das Tramezzinibrot in Vierecke schneiden und mit einem Nudelholz dünn ausrollen.

Jedes Brot im unteren Viertel mit einem Stick belegen und eng aufrollen, dabei das obere Ende des Brotes mit etwas Wasser befeuchten, damit es gut zusammenhält.

Das Brot mit der Olivenölmarinade bepinseln und in einer heißen beschichteten Pfanne auf allen Seiten knusprig braten.

TO GO

Brotsticks und Dips in separate Boxen packen. Vor Ort: In die Mitte einer großen Platte die verschiedenen Dips und rundherum die bunten Sticks anrichten.

300 g Wurzelgemüse, gemischt
½ Bund Staudensellerie
1 Rote Rübe
2 Knoblauchzehen
½ Bund Petersilie
Olivenöl
Salz, Pfeffer ganz
1 Pkg. Tramezzinibrot oder Toastbrot

Lieblingsdips und -aufstriche (Rezepte ab Seite 142)

KINDER-TIPP

Von den Jüngeren wird Knoblauch oft als störend empfunden, in Anbetracht dessen lasst ihn für Kinder einfach weg.

20 MIN
+ 15 MIN
BACKZEIT

4 PORTIONEN

SAMOSATASCHEN
MIT SÜSSKARTOFFELN

Samosas sind der Fingerfoodklassiker der Indischen Küche. Sie bestechen, wie so viele indische Gerichte, durch die feine Abstimmung orientalischer Gewürze und das Nebeneinander von knusprigem Teigmantel und cremig-würziger Füllung. In meiner Variante verwende ich, so wie es mir ein tibetischer Koch einmal gezeigt hat, Süßkartoffeln. Sie runden den Geschmack nochmal ab.

250 g Süßkartoffeln
1 Stück Ingwer (3 cm)
1 Handvoll Minze
80 g Erbsen
80 g Ziegenfrischkäse
2 EL Kokosfett
1 EL Curry, mild
1 Msp. Cayennepfeffer
1 TL Fenchelsamen,
  gemahlen
Salz, Pfeffer
1 Filo- oder Yufkateig
1 Ei

Tomatenchutney
(Rezept siehe Seite 145)

ZUBEREITUNG

Den Backofen auf 180 °C Heißluft vorheizen.

Für die Füllung Süßkartoffeln schälen, grob schneiden und in reichlich Salzwasser kochen, bis sie weich sind. Währenddessen Ingwer schälen, Minze waschen und beides mit einem großen Messer hacken. Erbsen kurz in kochendem Wasser blanchieren und kalt abschrecken. Süßkartoffeln aus dem Wasser nehmen und noch warm mithilfe eines Kartoffelstampfers zerdrücken und mit Erbsen, Ingwer, Minze, Ziegenfrischkäse und Kokosfett gut verrühren. Mit den Gewürzen abschmecken.

Teig auf einer sauberen Arbeitsfläche ausbreiten und in etwa 7 cm große Quadrate schneiden. Die Hälfte des Quadrates, also das obere gleichschenkelige Dreieck mit Ei bepinseln. Je 1 TL Füllung mittig daraufgeben. Nun die nicht bepinselte Ecke zur bepinselten Ecke schlagen und die Ränder fest andrücken.

Die Samosas auf ein mit Backpapier ausgelegtes Blech legen, mit flüssigem *(erwärmten)* Kokosfett und restlichem Ei bepinseln.

Für 10–15 Minuten auf mittlerer Schiene bei 180 °C Heißluft backen.

TO GO

Die Samosas in eine to go-Box geben. Ihr könnt Backpapier zum Stabilisieren dazwischen legen. Die Taschen können kalt oder erwärmt im Backofen genossen werden. Das Chutney nehmt ihr am besten in einem separaten to go-Gefäß mit.

GUT ZU WISSEN

Solltet ihr keinen Filoteig haben, könnt ihr auf beinahe jeden anderen Teig, wie etwa ungesüßten Blätterteig, zurückgreifen.

Probiert die Masse mit Kürbis statt Süß-kartoffeln.

10 MIN 8 PORTIONEN BLITZGERICHT GLUTENFREI VEGAN

SÜSSSCHARFER KNABBERMIX

Dieser Knabbermix ist nicht zuletzt wegen des geräucherten Paprikaaromas und des Salzes geschmacklich ein wahrer Held unter seinen Artgenossen. Die ausgewählten Trockenfrüchte und Nüsse machen ihn noch dazu zu einem gesunden Knabberspaß.

ZUBEREITUNG

Eine große beschichtete Pfanne heiß werden lassen, Boden mit Erdnussöl benetzen und alle Kerne darin unter ständigem Schwenken knusprig rösten. Wenn die Kerne Farbe nehmen, sofort mit den Kokoschips in eine Schüssel geben und mit Paprikapulver, Rauchsalz und Chili würzen. Gut vermischen. Nun die Trockenfrüchte untermengen.

TO GO

Der Knabbermix hält mehrere Tage und lässt sich in allen Transportgefäßen und Säckchen transportieren.

2–3 EL Erdnussöl
100 g Mandeln, geschält
100 g Cashewkerne
100 g Kürbiskerne
100 g Sonnenblumenkerne
1 EL Paprikapulver, geräuchert
1 Prise Rauchsalz
1 Msp. Chili, gemahlen
100 g Kokoschips, getrocknet
200 g Früchte, getrocknet

GUT ZU WISSEN

Macht gleich größere Mengen davon und packt den Knabbermix luftdicht ab.

Probiert den Knabbermix mit Wasabierbsen!

FRÜHSTÜCK S. 170

SMOOTHIES S. 174

DESSERTS S. 178

REZEPTE

→ TO GO,

WENN DU MAL KEINE LUST AUF GEMÜSE HAST.

FÜR DIE SÜSSEN UNTER UNS

Ein bunter Speiseplan macht Freude und bringt Abwechslung in unseren Alltag. So seid ihr wahrscheinlich, ebenso wie ich, fasziniert von der großen Vielzahl an möglichen Gerichten, die wir uns mit Gemüse zaubern können. Bei einer ausgewogenen to go-Küche sollen und dürfen aber auch Früchte nicht fehlen. Und weil wir alle auch mal Lust auf Süßes haben, wage ich den Seitensprung und zeige euch tolle Rezepte für die gesunde to go-Küche, in denen Gemüse nicht die Hauptrolle spielt.

FRÜHSTÜCK

**15 MIN
+ 30 MIN
RUHEZEIT**

**2 GLÄSER
350 ML**

GLUTENFREI

CHIA-MOHN-PUDDING
MIT GELIERTEN FRÜCHTEN

Chia-Samen, die aus Amerika stammenden Samen einer Salbeipflanze, beinhalten jede Menge Omega-3-Fettsäuren, Antioxidantien, Eisen, Kalzium, Magnesium und Ballaststoffen – ein wahres Superfood also. Gemeinsam mit unserem heimischen Mohn, der vor allem reich an wertvollen Aminosäuren ist, und den gelierten Beeren bleiben bei diesem nährstoffreichen Frühstückspudding keine Wünsche offen.

ZUBEREITUNG

PUDDING Vanilleschote der Länge nach halbieren und das Mark mit dem Messerrücken auskratzen. Die ausgekratzte Vanilleschote beiseitelegen. Mohn, Chia-Samen, Zucker, Salz, Vanillemark mit der Fruchtmolke und der Kokosmilch in einer Schüssel ordentlich verrühren. Den Pudding auf geeignete to go-Gläser aufteilen und für mindestens 30 Minuten oder über Nacht kühl stellen.

GELIERTE FRÜCHTE Eine beschichtete Pfanne erhitzen und den Zucker darin mit einer kreisenden Bewegung gleichmäßig hellbraun karamellisieren. Mit Portwein oder Apfelsaft ablöschen und die Beeren sowie die Aromaten *(Zimtstange, Sternanis und die ausgekratzte Vanilleschote vom Pudding)* zugeben. Bei mittlerer Temperatur köcheln lassen, bis die Flüssigkeit eindickt *(Heidelbeeren, Johannisbeeren und Preiselbeeren enthalten besonders viel Pektin, welches die Sauce gelieren lässt)*. Früchte auskühlen lassen und Aromaten wieder entfernen.

TO GO

Die erkalteten, gelierten Beeren auf die Gläser mit dem Pudding aufteilen und die Gläser luftdicht verschließen. Direkt aus dem Glas genießen!

PUDDING
1 Vanilleschote
2 EL Mohn, gemahlen
5 EL Chia-Samen
2 TL brauner Zucker
1 Msp. Salz
200 ml Fruchtmolke
   mit Mangogeschmack
200 ml Kokosmilch

GELIERTE FRÜCHTE
1 EL brauner Zucker
100 ml Portwein
   oder Apfelsaft
100 g Beeren, frisch
   oder tiefgekühlt
½ Zimtstange
1 Stück Sternanis
Vanilleschote, ausgekratzt
   (vom Pudding)

20 MIN
+ 45 MIN
BACKZEIT

2-4 PORTIONEN

FÜR KINDER

FRUCHTIGER FRÜHSTÜCKSCRUMBLE

Neben dem Burger gehört der Crumble für mich zu den besten Rezepterfindungen der Amerikaner. Er ist schnell, einfach und sauber in der Zubereitung. Egal ob in der pikanten oder in der süßen Küche, der Kreativität werden bei diesem Löffeltraum keine Grenzen gesetzt. Bei meiner Variation setze ich auf die alt bekannte und beliebte Kombination aus fruchtigem Gemüse, dem Rhabarber, und süßen Erdbeeren.

400 g Rhabarber
Saft von 1 Limette
150 g brauner Zucker
1 Prise Salz
250 g Erdbeeren
1 Handvoll Zitronen-
   melisse
50 g Cornflakes
100 g Joghurtbutter
50 g Haferflocken
150 g Dinkelmehl

KINDER-TIPP
Welches Obst hat euer Sprössling am liebsten? Auch Äpfel, Birnen, Pfirsiche und Beeren können hier zum Einsatz kommen.

ZUBEREITUNG
Backofen auf 180 °C Heißluft vorheizen.

Rhabarber waschen, Enden inklusive Blätter abschneiden und der Länge nach schälen, sodass alle Fasern entfernt sind. Nun die Stangen in fingerdicke Scheiben schneiden und bereits in eine feuerfeste to go-Form geben. Mit Limettensaft, 2 EL vom Zucker und Salz vermengen und 5 Minuten ziehen lassen.

Die Form für ca. 15 Minuten auf mittlerer Schiene in den Ofen stellen.

Inzwischen die Erdbeeren waschen, vom Grün befreien und vierteln. Die Melisse waschen und grob hacken. Cornflakes in einer Tüte mit einem Nudelholz grob zerbröseln. Joghurtbutter, restlicher Zucker, Haferflocken, Cornflakes und Dinkelmehl in einer großen Schüssel mit den Händen oder einer Küchenmaschine zu einem Teig verarbeiten.

Nun den Rhabarber mit den Erdbeeren und der Melisse vermischen und den Teig mithilfe der Hände darüberbröseln.

30 Minuten auf mittlerer Schiene im Ofen fertig backen, bis der Crumble eine goldbraune Farbe angenommen hat.

TO GO
Deckel auf den erkalteten Crumble setzen und dann entweder kalt genießen oder die Form erneut im Ofen, im Wasserbad oder in der Mikrowelle erwärmen.

GUT ZU WISSEN

Bereitet den Crumble am Vorabend vor, stellt ihn kühl und backt ihn am nächsten Morgen fertig.

Vanillejoghurt harmoniert perfekt mit diesem Crumble und Aprikosen sind auch eine herrliche Alternative zu Erdbeeren.

SMOOTHIES

Smoothies lassen sich im Handumdrehen zubereiten, machen dabei wenig Arbeit, schmecken lecker, schauen gut aus, sind gesund und lassen sich gut vorbereiten und schlussendlich mitnehmen – to go-Herz, was willst du mehr? Einige meiner besten Smoothie-Rezepte habe ich hier für euch zusammengepackt und nach ihrer Wirkung beschrieben, so seid ihr für diverse Situationen gut gerüstet.

TO GO

Ich verwende sehr gerne Schraubverschlussgläser *(z.B. ausgewaschene Gurkengläser)*, um meine frischgemachten Smoothies to go-fertig zu machen. Ihr könnt sie so auch im Kühlschrank für den nächsten Tag bereitstellen.

KINDER-TIPP

Ein frisch gemachter Smoothie kann eine Obstmahlzeit ersetzen und ist deswegen eine geniale Zwischenmahlzeit, als Durstlöscher ist er jedoch zu gehaltvoll. Verwendet das Lieblingsobst eurer Kinder. Ich verwende auch gerne Heidelbeeren oder Erdbeeren, sie machen eine schöne Farbe und schmecken.

15 MIN   2 PORTIONEN   BLITZGERICHT   GLUTENFREI   FÜR KINDER

LAUNE GUT, ALLES GUT!

Eine volle Ladung gute Laune: ein Smoothie,
der Nährstoffe zum Auftanken an turbulenten Tagen liefert.

ZUBEREITUNG

Alle Zutaten in einem Mixer zu einem homogenen Drink pürieren, durch ein feines Sieb gießen und mit einem Teigschaber Rückstände nachstreichen. Eventuell mit etwas Wasser verdünnen.

KINDER-TIPP

Soll es süßer sein, könnt ihr einen glattgestrichenen Teelöffel Birkenzucker unterrühren.

1 Banane
2 EL Cashewkerne
200 ml Molke
2 Datteln, kernlos
1 Prise Zimt
1 TL Kakaopulver
evtl. etwas Wasser

🕐 **15 MIN** 🍴 **2 PORTIONEN** ⚡ **BLITZGERICHT** 🌾 **GLUTENFREI** 🍃 **VEGAN**

IMMUNBOOSTER

Ein Kraftspender für unser Immunsystem,
besonders an kalten Wintertagen.

2 Mandarinen
1 Dattel
1 Handvoll Äpfel,
 getrocknet
1 Handvoll Paranüsse
2 EL Sanddornfrüchte
1 EL Kokosfett
200 ml Wasser

ZUBEREITUNG

Mandarinen schälen, Dattel entsteinen und gemeinsam mit den anderen
Zutaten zu einer homogenen Flüssigkeit pürieren. Durch ein feines Sieb
gießen und mit einem Teigschaber Rückstände nachstreichen.

🕐 **15 MIN** 🍴 **2 PORTIONEN** ⚡ **BLITZGERICHT** 🌾 **GLUTENFREI** 🍰 **SÜSSES MIT GEMÜSE**

COOL DOWN

Ein Glas voll Erfrischung, das uns an heißen Sommertagen so richtig entspannen lässt.

2 Handvoll Babyspinat
1 Orange
¼ Wassermelone
1 Handvoll Minze, frisch
1 Handvoll Kresse
Salbeiblätter
 nach Belieben
1 EL Aloe Vera-Extrakt
4 EL Joghurt, fettarm
etwas Wasser

ZUBEREITUNG

Alle Zutaten zusammen pürieren und mit einem Teigschaber
durch ein glattes Sieb streichen.

TIPP

Trinkt den Smoothie am besten mit etwas Eis.

15 MIN   2 PORTIONEN   BLITZGERICHT   GLUTENFREI   VEGAN   SÜSSES MIT GEMÜSE

ROTER ENERGIZER

Die rote Farbe dringt nicht nur ins Auge, sondern auch in unser Immunsystem.

ZUBEREITUNG

Rotkohl waschen und mit Strunk grob schneiden. Trauben abzupfen und waschen. Ingwer und Orange schälen und mit den anderen Zutaten pürieren. Durch ein feines Sieb gießen und mit einem Teigschaber Rückstände nachstreichen.

125 g Rotkohl
250 g rote Trauben
1 Stück Ingwer (1 cm)
1 Blutorange
1 Stange Staudensellerie
½ Feldgurke
200 ml Wasser

DESSERTS

20 MIN + 60 MIN RUHEZEIT   **2 PORTIONEN**   **GLUTENFREI**   **VEGAN**   **SÜSSES MIT GEMÜSE**

GRÜNE GÖTTERSPEISE
MIT KOKOSCREME IM GLAS

Hier zeige ich euch ein unschlagbar köstliches und gesundes Dessert. Der grüne, durchsichtige Pudding besteht aus ausgewähltem grünem Obst und Gemüse und aus Zitronengras. Die vollmundige Kokoscreme ist dazu der perfekte Begleiter.

ZUBEREITUNG

Zitronengras waschen, der Länge nach halbieren, mit dem Messerrücken abklopfen *(befreit Aromen)* und einmal quer halbieren. Trauben und Stachelbeeren waschen und halbieren. Gurke ungeschält der Länge nach vierteln und in fingerdicke Stücke schneiden. Kiwis schälen und in walnussgroße Stückchen schneiden. Limettenschale abreiben und Saft ausdrücken.

In einem Topf Agar-Agar mit Birnensaft, Limettensaft, Zitronengras und Zucker verrühren und aufkochen. Gurken, Trauben, Stachelbeeren, Limettenabrieb und Kiwis zugeben und für ca. 5 Minuten bei mittlerer Temperatur köcheln lassen.

Nun die grüne Götterspeise auf to go-Gläser aufteilen und 1–3 Stunden kühl stellen.

TO GO

Die gelierte Götterspeise mit je 2 EL Kokoscreme und Minze dekorieren und luftdicht verschließen.

1 Stange Zitronengras
100 g grüne Trauben
100 g Stachelbeeren
100 g Gurken
100 g Kiwis
1 Limette, unbehandelt
Agar-Agar für 200 ml
 Flüssigkeit
200 ml Birnensaft
50 g Zucker
4 EL Kokoscreme

Minze zum Dekorieren

GUT ZU WISSEN

Probiert eure Götterspeise auch mit rotem und gelbem Obst und Gemüse.

20 MIN
+ 30 MIN
BACKZEIT

2 PORTIONEN

FÜR KINDER

SCHOKOKUCHEN
MIT MANGOPÜREE

Dieser Schokokuchen gehört zu den absoluten Lieblingsdesserts meiner Kindheit. Aber auch hier konnte ich mich nicht zurückhalten und habe für euch eine Variation erstellt. Pinienkerne und Butterkekse peppen das Dessert so richtig auf. Und der exotisch fruchtige Geschmack der Mango erfrischt dabei den Gaumen und bietet Abwechslung.

KUCHEN
40 g Pinienkerne
50 g Schokolade,
   edelbitter
30 g Butterkekse
2 Eier
1 Prise Salz
1 EL brauner Zucker

etwas Butter
   zum Einfetten

MANGOPÜREE
1 Mango
Saft von 1 Limette
2 TL brauner Zucker

GUT ZU WISSEN

Wenn ihr den Kuchen stürzen wollt, könnt ihr in die Masse etwas Mehl geben, so hält er besser zusammen.

Anstelle des Mangopürees könnt ihr auch anderes Fruchtmus, wie Aprikosenmus, verwenden.

ZUBEREITUNG

KUCHEN Eine beschichtete Pfanne erhitzen und Pinienkerne darin ohne Zugabe von Fett bis zur Bräunung unter ständigem Rühren rösten. Abkühlen lassen.

Den Backofen auf 180 °C Heißluft vorheizen.

Die Schokolade fein reiben. Pinienkerne und Butterkekse fein mahlen oder hacken. Mit der Schokolade vermischen.

Eier trennen und Eiweiß halbsteif schlagen, eine Prise Salz und die Hälfte des Zuckers zugeben und steifschlagen. Eigelb mit dem übrigen Zucker schaumig schlagen. Schokoladenmasse daruntermengen. Nun Schnee nach und nach mithilfe eines Teigschaber vorsichtig unterheben.

Zwei ofenfeste to go-Gläser (z.B. Einmachgläser) mit etwas Butter ausfetten und die Masse auf die Gläser aufteilen.

Eine Backform in den Ofen stellen und zu 2/3 mit Wasser füllen. Die Gläser nun in die Mitte des Wasserbades stellen und für ca. 30 Minuten backen. Aus dem Ofen nehmen und erkalten lassen.

MANGOPÜREE Inzwischen Mango schälen und Fleisch vom Stein schneiden. In einem Topf mit etwas Wasser, Limettensaft und braunem Zucker 10 Minuten köcheln. Pürieren und mit einem Teigschaber durch ein feines Sieb streichen.

TO GO

Erkaltetes Püree auf kalten Kuchen geben und luftdicht verschließen.

GUT ZU WISSEN

Ihr könnt die Masse auch in eine Kuchenform geben und stürzen.

Probiert den Kuchen mit den unterschiedlichsten Trockenfrüchten und Nüssen.

15 MIN 2 PORTIONEN BLITZGERICHT GLUTENFREI VEGAN SÜSSES MIT GEMÜSE

GEMÜSEKUCHEN
IM GLAS

Die Besonderheit an diesem leckeren Wurzelkuchen ist, dass er der Paleo-Ernährung entsprechend ohne nennenswerte Verarbeitung oder thermische Veränderung seiner Zutaten auskommt. Es handelt sich bei diesem Gericht also um einen ungebackenen Kuchen, der durch die klebrige Eigenschaft der Datteln sowie der mehligen Eigenschaften der Nüsse eine kuchenähnliche Konsistenz bekommt. Zudem ist diese nährstoffreiche Gaumenfreude in wenigen Minuten zubereitet. Der würzig süße Geschmack harmoniert dabei traumhaft mit dem süßen Geschmack der Trockenfrüchte, der Nüsse sowie der Kokosraspel.

ZUBEREITUNG

Wurzelgemüse waschen, schälen, Enden abschneiden und fein raspeln. Datteln vom Stein befreien und möglichst fein hacken. Pistazien, Bananen und Pinienkerne mahlen oder hacken. Kokosfett leicht temperieren *(damit es flüssig wird)* und mit allen Zutaten zu einem zähen Teig vermengen.

TO GO

Teig in kleine Einmachgläser füllen und luftdicht verschließen.

1 Gelbe Rübe
1 Pastinake, groß
100 g Datteln
50 g Pistazien, ohne Schale
100 g Bananenchips
80 g Pinienkerne
4 EL Kokosfett
80 g Kokosraspel
2 EL schwarzer Sesam

25 MIN
+ 10 MIN
BACKZEIT
+ 1 H ZIEHZEIT

2 PORTIONEN

WIENER CROISSANT-SCHMARREN
MIT APRIKOSENRÖSTER

Diese einfache Ableitung des Dessertklassikers Kaiserschmarren besticht vor allem durch den flaumigen Teig mit Croissants. Statt dem üblichen Zwetschkenröster setze ich hier auf den süßen Geschmack vollreifer Aprikosen, die mit dem Schmarren zu einem Gedicht werden. Und anstelle von Rosinen verwende ich bei diesem Rezept Goji-Beeren – süß und gesund!

CROISSANT-SCHMARREN
200 g Croissants (2–3 Stück)
2 Eier
300 ml Milch
1 Prise Zimt
2 EL Kristallzucker
5 g Vanillezucker
2 EL Goji-Beeren
2 EL Butter

RÖSTER
100 g Aprikosen
20 g brauner Zucker
etwas Wasser

ZUBEREITUNG

CROISSANT-SCHMARREN Croissants in dünne Scheiben schneiden und in eine große Schüssel geben. Eier, Milch, Zimt, 1 EL vom Zucker, Vanillezucker und Goji-Beeren in einer anderen Schüssel verrühren und in die Schüssel zu den Croissants gießen. Die Masse vorsichtig verrühren und eine Stunde ungekühlt ziehen lassen.

Backofen auf 180 °C Heißluft vorheizen.

Butter in einer Pfanne am Herd schmelzen, Masse dazugeben und diese für rund 3 Minuten am Herd anbacken.

Nun Pfanne für 5–10 Minuten in den Ofen stellen. Mit einer großen Spachtel oder einem Tortenheber wenden, in Stücke reißen und erneut auf die Flamme stellen. Übrigen Zucker zum Karamellisieren am Pfannenrand entlang einrieseln, kurz karamellisieren lassen und Stücke darin wenden, sodass der Schmarren außen leicht knusprig und innen saftig ist *(Achtet darauf, dass der Schmarren nicht zu trocken wird)*. Nun den Schmarren auf zwei go to-Gläser aufteilen und erkalten lassen.

RÖSTER Für den Röster die Aprikosen waschen, halbieren, entsteinen und nochmals halbieren. Wasser und braunen Zucker in einem kleinen Topf zum Kochen bringen. Aprikosen zugeben und rund 10 Minuten weichdünsten.

TO GO

Den erkalteten Schmarren luftdicht verschließen und den Röster separat in kleine Schraubgläser füllen. Kurz vor dem Verzehr den Röster über den Schmarren geben oder dazulöffeln.

BREI + PÜREE S.192

BESTE REZEPTE
FÜR KINDER TO GO S.195

KINDER UND DIE → TO GO KÜCHE

FÜR DIE KLEINEN FEINSCHMECKER

von Larissa Osovnikar, BSc der Ernährungswissenschaften

KINDER UND DIE → TO GO-KÜCHE

Wir Eltern wissen, dass nicht nur wir Erwachsene, sondern auch unsere Kinder spätestens ab dem Schulalter auf die to go-Küche angewiesen sind. Speziell als Mutter mit ernährungswissenschaftlicher Ausbildung ist es mir ein Anliegen, in einem Kochbuch für Gerichte zum praktischen Mitnehmen die Bedürfnisse von Kindern aufzuzeigen und euch entsprechende Tipps mit auf den Weg zu geben. Gleich vorweg: Der Großteil der in diesem Buch vorgestellten Rezepte ist problemlos für Kinder geeignet.

Viele Kinder entwickeln schon früh eine unersättliche Vorliebe für Süßes, Pommes frites und „nackte" Nudeln. Dazu kommt, dass wir oft auf das dürftige und ungesunde Angebot an Kindernahrung aus Supermärkten, Imbissständen und Kantinen angewiesen sind. Speziell beim Angebot an Säften für Kinder zeichnet sich ab, wie schamlos diese Vorliebe von der Lebensmittelindustrie ausgenutzt wird.

Dabei ist das Verlangen nach Süßem ein natürliches, es entsteht bei Blutzuckerabfall und signalisiert den Bedarf nach schneller Energielieferung. Der schnellste Weg für den Körper ist, wenn er Glukose, über Traubenzucker oder über Haushaltszucker (Saccharose), direkt zugeführt bekommt. Das Verlangen unserer Kinder nach schneller Energie, die ihnen über Süßigkeiten aller Art geliefert wird – und diese Erfahrung haben sie schnell gemacht – ist verhängnisvoll. Denn dieses Bedürfnis der Kinder führt sehr schnell zu Zuckersucht mit allen ihren Folgeerkrankungen wie Diabetes, Karies und Übergewicht. Die Vorbildfunktion und die Esserziehung der Eltern ist wohl einer der entscheidendsten Faktoren, sie legen den Grundstein, um einen Weg zwischen dem Begehr-

ten und dem Nahrhaften zu finden. Die Kunst liegt wohl darin, „ungesundes Essen" nicht zu tabuisieren, sondern zur Ausnahme zu machen. Den schnellen Energielieferanten, wie beispielsweise Bonbons, stehen die sogenannten komplexen Kohlenhydrate gegenüber, wie sie in Gemüse, Obst und Vollkorngetreide zu finden sind. Wie der Name schon sagt, für den Körper ist es tatsächlich komplexer, daraus die ersehnte Energie zu gewinnen. Und genau das bringt den entscheidenden Vorteil mit sich.

Nachdem das klassische Pausenbrot auf Dauer zu einseitig ist und man speziell bei den eigenen Kindern einen höheren Anspruch an eine ausgewogene Ernährung hat, möchte ich euch in diesem Kapitel einige einfache, hochwertige Alternativen zu der „Wurstsemmel" aufzeigen. Während meiner Forschung habe ich festgestellt, dass Kindergeschmäcker, Essverhalten und Vorlieben so unterschiedlich sind wie die Kinder selbst. Eltern kennen dies nur allzu gut: Meist haben Kinder im Hinblick auf Geschmacksvielfalt bei Speisen weniger Ansprüche als wir und gleichzeitig haben sie jedoch genaue Vorstellungen, wie es am besten schmeckt.

Also: Lasst euch nicht von ungeöffneten Brotboxen demotivieren, in denen das liebevoll angerichtete Gericht seinem Verderben entgegenblickt. Meiner Erfahrung nach ist es am besten, die Kinder bei der Auswahl und Zubereitung teilhaben zu lassen, sie wissen genau, was ihnen schmeckt und freuen sich, wenn sie das Gefühl haben, selber wählen zu können.

DER GESUNDE UMGANG MIT DER ZWISCHENMAHLZEIT:

KNABBEREIEN FÜR KINDER → TO GO

Kinder sind ständig in Bewegung und befinden sich im Wachstum, auch das Lernen braucht viel Energie. Dabei ist es kein Wunder, dass sie regelmäßig der Hunger überkommt und der Wunsch nach schnellen Energielieferanten dringlich ist.

Um in solchen Situationen den Überblick zu bewahren, empfiehlt es sich, drei Hauptmahlzeiten und zwischendurch gezielt leichte Zwischenmahlzeiten anzubieten. Für den Verdauungsapparat wie auch für eine gesunde Mundflora, welche die empfindlichen Milchzähne vor Karies schützt, ist es wichtig, Pausen zwischen den einzelnen Mahlzeiten, zu denen auch kleine Imbisse sowie gesüßte Säfte und Fruchtsäfte zählen, einzuhalten.

Ich habe mir angewöhnt, immer ungesalzene Nüsse und Trockenfrüchte (wie Datteln, Rosinen, Feigen, Aprikosen usw.) bei mir zu haben und diese anstelle von Naschereien wie Bonbons und in Zucker getränkte Backwaren anzubieten. Auch Vollkornbrötchen, Obst- und Gemüsesticks oder Beeren eignen sich dafür. Wusstet ihr, dass Kinder Obst und Gemüse lieber essen, wenn es appetitlich in Stifte geschnitten ist? *(Taschenmesser einpacken!)*

Diese Alternativen sind sehr nahrhaft und schmecken den Kindern, die Trockenfrüchte wegen ihres süßen Eigengeschmacks und die Nüsse wegen ihrer natürlichen Fette. Zudem haben sie einen kleinen Sättigungseffekt und führen nicht, wie es Bonbons zum Bespiel tun, zu anschließendem Blutzuckerabfall und damit zu Heißhunger-Attacken.

Meine Kinderärztin gab mir einmal einen einfachen Rat, wie man Kinder von Ungesundem fernhält: Einfach nichts solches zuhause bzw. unterwegs dabei zu haben. So plausibel es klingt, so einfach ist es auch. Es ist für Kinder besonders schwierig, einer Versuchung zu widerstehen, wenn sie so greifbar nahe ist.

REZEPTE FÜR KINDER → TO GO

Natürlich wünschen wir uns, dass ihr in diesem Buch Rezepte findet, die euch und euren Kleinen schmecken und Freude bereiten. Unsere Ansprüche an solche Gerichte sind bei jedem einzelnen berücksichtigt: Die Mahlzeit soll ausgewogen sein, leicht bekömmlich und einfach zu verzehren.

Daneben gibt es noch andere Details, auf die ihr achten solltet, wenn ihr für oder mit Kindern kocht:

1. Achtet bei der Zubereitung darauf, zuerst für den Kindergaumen zu würzen und dann erst eure Portion nach eurem Geschmack abzuschmecken.

2. Gerade Salz sollte sparsam eingesetzt werden. Alternativ bietet sich alles an, was der Kräuter- und Gewürzmarkt zu bieten hat. Auch getrocknete Speiseblumen eignen sich wunderbar, um einen farbenfrohen Augenschmaus anzurichten.

3. Auch Fett ist ein wichtiger Geschmacksträger, da es die diversen Aromaten intensiviert und aufwertet. Durch den hohen gesundheitlichen Wert und seine Rolle in der ausgewogenen Ernährung ist die Verwendung von unterschiedlichen hochwertigen Ölen, wie Rapsöl oder Olivenöl, absolut zu empfehlen.

4. Die meisten Kinder lieben Samen, Kerne oder Nüsse, welche sich leicht in die Rezepte einbauen lassen und einen hohen Anteil an wertvollen Nährstoffe bieten. Zudem werten sie das Essen geschmacklich auf.

Achtung: Fette und Nüsse sind kompakte Energieträger. Sie sollten daher regelmäßig, aber nur in geringen Mengen gegessen werden.

GETRÄNKE FÜR KINDER → TO GO

Gerade wenn Babys zu Kleinkindern heranwachsen, neigen Eltern dazu, Säfte in die gewohnte Flasche zu füllen, wovon ich euch dringlich abraten möchte. Nichts greift die Zähnchen unserer Jüngsten mehr an, als das ständige Nuckeln von zuckerhaltigen Getränken und Fruchtsäften. Unser Wasser ist wertvoll und sollte als solches unseren Kindern angepriesen werden. Sind sie es einmal gewohnt, wollen sie auch nichts anderes mehr. Lasst sie eine Trinkflasche mit ihrem Lieblingsmotiv aussuchen und das Wasser wird ihnen gleich noch besser schmecken. Es ist eine gute Gewohnheit immer solches mit sich zu tragen, übrigens auch für uns Erwachsene.

20 MIN   2 PORTIONEN   VEGAN   FÜR KINDER

BREI GRUNDREZEPT

Was diverse Lebensmittelmarken können, können wir schon lange: Brei! Köstlich, einfach und aus dem Glas gegessen, erfreut er Kindergemüter. Mit diesem Grundrezept für die Kleinsten seid ihr bestens ausgestattet, denn es lässt sich praktisch unendlich oft variieren und ihr könnt dieses Rezept durch das ganze Babybreialter hindurch verwenden. Verwendet dafür einfach Zutaten, die ihr daheim habt, oder orientiert euch an den Vorlieben eurer Kleinen, denn die bilden sich schnell!

200 g Gemüse
(z.B. Brokkoli, Karotte, Kürbis, Zucchini)
100 g Kartoffeln oder Getreide (Bulgur, Couscous, Maisgrieß, Reis usw.)
150 ml Wasser
1 EL hochwertiges pflanzliches Öl
(z.B. Rapsöl)
Salz (ab dem 8. Lebensmonat)
1–2 EL Obst- oder Gemüsesaft oder Tee, frisch (z.B. Apfel-, Birnen-, Karottensaft, Fencheltee)

ZUBEREITUNG

Gemüse waschen, gegebenenfalls schälen und grob schneiden. In einem kleinen Topf mit 150 ml Wasser köcheln lassen, bis das Gemüse weich ist. Getreide je nach Getreideart ungesalzen garkochen. *(Couscous eignet sich vor allem gut, wenn es schnell gehen soll. Kartoffeln geschält und geviertelt gehen auch schnell und sind eine gute Proteinquelle)*. Ab dem 8. Lebensmonat könnt ihr auch eine kleine Prise Salz zugeben. Alles in ein hohes Gefäß geben und mit einem Stabmixer pürieren. Den dicken Brei mit etwas Flüssigkeit verdünnen, dafür könnt ihr auch Obst-, Gemüsesaft oder Tee verwenden.

TO GO

Den Brei oder das Püree in gut verschließbare to go-Gefäße füllen. Beide lassen sich in Mikrowelle, Backofen oder im Wasserbad erwärmen.

GUT ZU WISSEN

Macht gleich größere Mengen und friert sie portionsweise ein, zum Beispiel in Eiswürfelformen.

Rührt das Öl *(1 EL pro Portion)* erst kurz vor dem Verzehr in den Brei. Rapsöl ist zum Beispiel ein guter Omega-3-Fettsäuren-Lieferant für die Kleinen.

Je nach Alter Konsistenz und Zutaten anpassen!

20 MIN **4 PORTIONEN** **GLUTENFREI** **VEGAN** **FÜR KINDER**

GEMÜSE-OBST-BREI
AB DEM 5. MONAT

ZUBEREITUNG

Kürbis, Süßkartoffeln und Apfel schälen. Letzteren entkernen. Alles grob schneiden.

Kartoffeln und Kürbis mit dem Wasser in einem kleinen Topf für 15 Minuten leicht köcheln lassen, bis das Gemüse weich ist. In den letzten 5 Minuten Apfelstücke dazugeben. Die Hirseflocken einrühren und den Brei unter ständigem Rühren nochmal für 1 Minute aufkochen lassen. Mit dem Stabmixer pürieren und Apfelsaft unterrühren. Wenn der Brei noch zu dickbreiig ist, mit etwas Flüssigkeit verdünnen. 1 EL Rapsöl pro Portion kurz vor dem Verzehr unterrühren.

TO GO

Den Brei in kleine Einmachgläser füllen und luftdicht verschließen.

400 g Kürbis
250 g Süßkartoffeln
1 Apfel
250 ml Wasser
50 g Hirseflocken
100 ml Apfelsaft
4 EL Rapsöl

GUT ZU WISSEN

Durch die Hirseflocken ist dieser vegane Brei ein guter Eisenlieferant.

15 MIN **4 PORTIONEN** **BLITZGERICHT** **VEGAN** **FÜR KINDER**

COUSCOUSBREI
AB DEM 8. MONAT

ZUBEREITUNG

Zucchini waschen und in grobe Stücke schneiden. Karotten schälen und in kleine Stücke schneiden. In einem kleinen Topf mit dem Wasser bei schwacher Hitze 10 Minuten dünsten. In der letzten Minute Karottensaft, Tahin und Couscous zugeben, vorm Herd nehmen und ca. 5 Minuten quellen lassen.

Mit dem Stabmixer pürieren und 1 EL Rapsöl pro Portion kurz vor dem Verzehr unterrühren.

250 g Zucchini
250 g Karotten
300 ml Wasser
250 ml Karottensaft
3 EL Tahin
80 g Couscous

🕐 **10 MIN** 🍴 **2 PORTIONEN** ⚡ **BLITZGERICHT** 🍃 **VEGAN** ☺ **FÜR KINDER**

GUTE-NACHT-BREI

250 g Karotten
100 ml Wasser
400 ml Hafermilch
40 g Reisflocken
2 EL Rapsöl

ZUBEREITUNG

Karotten schälen, grob schneiden und in einem kleinen Topf mit dem Wasser 10 Minuten köcheln lassen, bis sie weich sind. In letzten 2 Minuten Hafermilch und Reisflocken unter ständigem Rühren zugeben und dann vom Herd nehmen. Mit einem Stabmixer pürieren und pro Portion 1 EL Öl kurz vor dem Verzehr unterrühren.

TIPP

Der Hafermilch wird eine beruhigende Wirkung nachgesagt, zudem ist sie nicht so wärmeempfindlich wie Kuhmilch und so bestens für die to go-Küche geeignet.

STÄBCHEN
MIT GEMÜSEPÜREE

ZUBEREITUNG

Wie wir es schon von der Pasta her kennen: Es ist oft die Form maßgeblich für den Geschmack. Kinder lieben Stäbchen, einfach, weil sie super in den Mund passen und mit den Händen leicht zu essen sind.

Nehmt ein Laibchen-Rezept *(ab Seite 138)* und formt statt Laibchen Stäbchen. Bei der Zubereitung achtet auf eine milde Würzung. Die besten Begleiter für eine komplette Mahlzeit sind diverse Gemüsepürees *(ab Seite 120)* und Dips *(ab Seite 142)*.

DAS BESTE FÜR KINDER → TO GO

Wir haben aus einigen Kapiteln gut geeignete Rezepte ausgewählt.
Auf der entsprechenden Seite findet ihr bei der Zubereitung noch
Tipps für die Kindermahlzeiten.

GLOSSAR

ABLÖSCHEN	Zugabe von ein wenig Flüssigkeit zum Bratensatz
AJVAR	Mus aus Paprika
KALT ABSCHRECKEN	Gekochtes mit kaltem Wasser übergießen
CANAPÉS	mundgerechte Häppchen
BLANCHIEREN	kurz mit heißem Wasser überbrühen
BLIND BACKEN	Vorbacken eines Teigbodens
BRAUNE BUTTER	bis zur Bräunung erhitzte Butter
BRÖSEL	Paniermehl
BRUNOISE	feinwürfelig geschnitten
FRITTATEN	in Streifen geschnittener Pfannkuchen, der als Suppeneinlage gegessen wird

JULIENNE	in feine rechteckige Streifen geschnitten
MEHLIEREN	bemehlen
MUHAMMARA	Paprika-Walnuss-Dip
PASSIEREN	durch ein Sieb treiben
PSEUDOGETREIDE	Körnerfrüchte, die nicht zur Gattung der Süßgräser gehören, z.B. Buchweizen, Quinoa, Amarant
RAS EL-HANOUT	nordafrikanische Gewürzmischung
SAMOSA	gefüllte Teigtaschen aus Indien und Pakistan
TAHIN	Sesammus
TCM	Traditionelle Chinesische Medizin

REGISTER

REGISTER

REGISTER

REGISTER

2. Auflage
© 2019 by Löwenzahn in der Studienverlag Ges.m.b.H., Erlerstraße 10, A-6020 Innsbruck
E-Mail: loewenzahn@studienverlag.at
Internet: www.loewenzahn.at

Umschlag- und Buchgestaltung sowie grafische Umsetzung: Bureau F, www.bureauf.com
Fotografien: Thomas Apolt, www.apolt.at
Illustrationen: Bureau F, www.bureauf.com

Gedruckt auf umweltfreundlichem, chlor- und säurefrei gebleichtem Papier.

Bibliografische Information der Deutschen Nationalbibliothek
Die Deutsche Nationalbibliothek verzeichnet diese Publikation in der Deutschen Nationalbibliografie;
detaillierte bibliografische Daten sind im Internet über http://dnb.dnb.de abrufbar.

ISBN 978-3-7066-2614-9